中間管理職 無理ゲー 完全攻略法

トリノ・ガーデン㈱ 代表取締役

中谷一郎

CCCメディアハウス

▶ はじめに

　我々トリノ・ガーデン株式会社は、サービス業の現場や企業オフィスなどで発生するオペレーションを可視化・分析し、改善策の立案や提案に取り組んでいます。

　具体的には、現場にビデオカメラを設置し、録画データをもとに課題解決のための仮説を立てて改善策を提案。その後、現場でPDCAを回して、改善が見られるまで二人三脚で仮説と検証をくり返しています。

　これまでに、飲食店や、ドラッグストアやアパレルメーカーなどの小売店、ゼネコンなど、あらゆる業種の現場やオフィスのオペレーションを可視化してきました。

　しかし、オペレーション分析の結果、全社で実施する施策を提案しても、浸透するスピードにばらつきがある、ということを日々実感していました。せっかく効果的な打ち手を分析の末に導き出しても、現場に伝わり、行動が変わるまでタイムラグがあるのです。そしてなぜ一様に施策が浸透しないのかということを突き詰める中で、その伝達プロセスの中核を担う、中間管理職の業務について、調査・分析する機会が増えていきました。

　中間管理職の業務プロセスを可視化する中で目の当たりにしたのは、指示を出す現場のトップ、あるいは、さらにその上にいる本部の管理職の方々の動きが変わると、現場も変わるということ。

　それと同時に、彼らは一見理不尽にも見える上層部からの予算要求と、疲弊する現場を何とか身体を張って守る板挟みになっていて、非常にしんどい無理ゲーを強いられているという現実です。

　口には出さないものの、あらゆる企業、あらゆる現場で「これは本当に無理ゲーだな」と思うシチュエーションを数多く見てきました。そして、その中心には、必ず中間管理職がいるのです。

　日本の経済状況や人口動態、働き方改革、ハラスメントにコンプライアンス。あらゆる状況が今、中間管理職の方々の仕事の難易度を高めて

いるかもしれません。

　中間管理職は、まるで無理ゲーに果敢に挑むRPGの勇者のよう。

　パーティのメンバーは言うことを聞いてくれないし、すぐ抜ける。社長や幹部らゲームマスターは無理難題をふっかけるわりには、大した支援をしてくれない。しかも、業績悪化というラスボス、これがなかなかに強敵で、倒せる気がしない。

現場ガチャ

　課長やマネージャーに昇進したはいいものの、そこで直面するのは、「現場のアタリ／ハズレ」です。

　中間管理職にも、ジョブローテーションがあります。ローテーションした先がアタリだった場合、すでにスタッフは自立しています。業績の上がる方向へ、自主的に考えて動いているわけです。

　ところが、ハズレの現場では、全員が「今すぐ辞めたい」と言い出す始末。もう、マイナスからのスタートなのです。

　この現場ガチャには、採用しやすい部署／採用しにくい部署のような外的要因もあれば、前任者がどこまでスタッフを育成していたか、という内的要因もあります。

　しかし、どのような現場を引き継いだにせよ、管理職としてそこに配属された以上は、すべてあなたの責任になってしまいます。

突発業務の雨あられ

　現場ガチャでアタリを引かない限りは、日々、突発的な業務に翻弄されることになるでしょう。クレームや事故、ミスやトラブルなど、急いで対応しなければならない突発業務が降り注ぎ、一つ片付いたと思ったら、すぐまた次の突発業務が湧いて出てきます。

　そして、この突発業務の多くが実は、中間管理職に本来求められている成果に直結する仕事ではないことが多いのです。

連続した突発業務に埋没することの恐ろしさは、業務をこなしてクリアした時の「乗り切った感」が生まれてしまうところです。この見せかけの充実感に惑わされてはいけません。

　これで仕事をまっとうした気になっていると、何年経っても業績が伸びず、評価も上がらず、そこでようやく「何かおかしい」と気づくことになるのです。

　突発業務は、なぜ起こるのでしょうか。

　有給休暇の申請が、ギリギリにならないと出てこない。人間関係のトラブルがしょっちゅう起こり、人が入れ替わってもまた新たなトラブルが発生する。お客様からのクレームが頻発する。

　これらを解決しようと思ったら、社内手続きのレクチャーやチームビルディング、接客トレーニングなど、根本原因にアプローチする必要が出てきます。

　とはいえ、突発業務が頻発していたら、その対応で手一杯。先を見越した根本解決策など、時間的にも、労力的にも打ちようもないでしょう。

　その結果、またさまざまなトラブルが起き、さらに突発業務が増えてしまう。こんな負のループに陥っていくのです。

上司の世代とはゲームのルールが違う

　「負のループから抜け出すためには、たくさん働けばいい」

　これが上司世代の常識です。月に300時間も400時間も、当たり前のように働いていたのです。今でいう過労死ラインを、優に超えています。

　しかし今、この無理ゲーを月間173時間で攻略しなければならないという時間制限が課せられています。残業という名のボーナスタイムを合わせても、218時間しかありません。

　それなのに、ハラスメントやコンプライアンスなど、気にしなければいけないことばかりが増え、仕事の難易度が各段に上がっています。

　これまでの時代を生き抜いてきた人たちの戦い方が、まったく参考に

ならない。真似することができないのです。

　今、上に立っている人たちは、今のルールで困難を乗り越えたわけではありません。今のルールにおける戦い方を知らない人たちです。

　今の中間管理職にロールモデルは存在しない。自分たちで解決策を見つけていかなければならないのです。

管理職の仕事は、誰にも教えてもらえない

　管理職になると、先輩や上司の働き方をなかなか間近に見ることができなくなります。

　たとえば、エリアマネージャーとして複数の支店をマネジメントする場合、本部のデスクに座っている時間など、ほとんどないでしょう。

　しかも、管理職の仕事について、誰も教えてくれないのです。

　だから、支店長からエリアマネージャーに昇進しても、支店長時代とやっていることが変わらないという人が出てきます。

　支店の様子を見に行ったら、お店に入って支店長やスタッフと一緒に営業に当たり、現場の仕事をサポートする。自分の仕事が、戦略を作ったり、数字の分析をしたりすることであると、なかなか実感できない人も多いのです。

　教えられていないのだから、当たり前といえば当たり前なのですが、「教えられていないからわかりません」は通用しない。そこは、自分で学び取っていかなければならないのです。

　中間管理職者に向けたマネジメントの教科書やセミナーはたくさん存在しています。でも、彼ら無理ゲーのプレーヤーに必要なのは、精神論でも哲学でもなく、どうすれば実務をうまくこなせるのか、その問いに答えてくれる具体的でちょっとしたノウハウのはずです。

　本書は中間管理職の実務に、徹底的に寄り添います。事例に基づいた実践的なノウハウを収録し、皆さんが無理ゲーをクリアするために、頼りにしていただける「攻略本」を目指しました。

▶ もくじ

stage1　ゲーム主人公に降りかかる無理ゲー

stage2　チームプレー上の無理ゲー

stage4　ゲームマスターから降りかかる無理ゲー

ゲーム主人公に降りかかる無理ゲー

　本章では、中間管理職として独り立ちした途端に、次から次へと直面するさまざまな無理難題、トラブル、理不尽なあれこれについて、その実践的な乗り越え方を、我々がこれまで出会ってきた具体的な事例をもとに解説していきます。

　中間管理職の仕事は、まさに「無理ゲー」のようなもの。

短期的には毎月数字や予算に追われながら、中長期的には人を育て、彼らを成長させてチームを回していかなくてはいけません。

　とはいえ、働くからには自分自身のスキルを磨き、今後のキャリアにつながる仕事の仕方をしたいもの。そんな自己成長に時間を使おうと思っても、思わぬ業務が次から次へと湧いて出てくる。各所でトラブルが発生し、待ったなしの状況続き。後ろを振り向けば上司やステークホルダーからの圧力がのしかかる。
　自分さえよければいくらでも長い時間働けた昔とは違い、今は働ける時間に法的な制限があります。
　自分のことだけを考える時間や、自分のレベルを上げる時間も残されていない中で、高い成果を求められる中間管理職の方はまさに、無理ゲーの主人公としてプレーをし続けているのではないでしょうか。日々業務の中で直面するこうした無理難題。特に自分自身の仕事の進め方、時間の使い方、イメージする管理職像と自分とのギャップなどによって発生する無理ゲーを、この章では取り扱っていきます。
　そしていかにしてその難局を乗り越えていくのか、我々がさまざまな企業の現場やオフィス、中間管理職の方々の行動を分析する中で見えてきた調査事例をもとに、紐解いていきます。

　無理ゲーに立ち向かいながらも、前向きに仕事に取り組む中間管理職の皆さん。現代のビジネスシーンは、まさに勇者が未知のクエストに踏み込むような様相を呈しています。
　でも、どんな無理ゲーであっても必ず攻略の鍵はあります。それは飛び道具のようなノウハウではなく、「そんなことで？」と思われるような、小さな工夫の連なりでしかありません。ちょっとした工夫が積み重なり、大きな歯車となって、ビジネスをはじめとするあらゆるシーンにおける大きな成功を生んできたことは、歴史が証明してくれています。

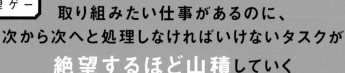

無理ゲー 取り組みたい仕事があるのに、
次から次へと処理しなければいけないタスクが
絶望するほど山積していく

- - - - - - - - - - - - - -

次から次へと降りかかってくるタスク。山積みのタスクをこなしているうちに、今日も一日が終わってしまった。取り組みたい仕事があるのに、期限が差し迫らないと、手をつけられないまま。どの業務にどれだけの時間を割けばいいのか、マネージャーとしての時間の使い方がわからないし、何から着手すべきかも見えない。

攻略法

▶ 緊急度×重要度の2軸でタスクを分類し、
優先順位ではなく劣後順位を決める

緊急度と重要度の2軸で業務を分析することで、抱えている業務の「手をつけるべき順番」が見えてきます。ただ、自分がやるべき業務から優先的に手をつけていくだけでは、無限に湧いてくるタスク地獄から逃れることはできません。必要なのは、「やらなくていい」業務を決める勇気です。そのタスクに手をつけないことによる影響を最小限に抑えながら、成果を維持する。その助けとなるのが緊急度と重要度を見極めるタスク分類です。

解説

　こなしきれない業務を抱えていると、目の前の仕事をやっつけるだけで精一杯になってしまいます。しかしそれでは中間管理職として求められる成果を出し続けることはできません。

　このような状態から脱却するためには、自分が「今」しなくてもよい、優先度の低いタスクを排除する必要があります。そのために参考となるのが、スティーブン・R・コヴィーの著書『7つの習慣』で提唱されている「時間管理のマトリクス」という考え方です。

　このマトリクスは、タスクや活動を四つに分類し、優先順位をつけるためのツールとして使われます。

時間管理のマトリクス

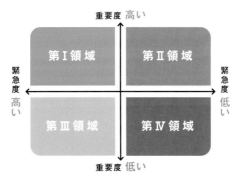

緊急度と重要度の視点で業務を分類

緊急かつ重要（第Ⅰ領域）：自身の成果に直結し、即座に対処する必要のあるタスクです。中間管理職の仕事にあてはめれば、重要なプレゼンや、チームメンバーの抱える問題への対応などがここに該当します。

重要だが緊急でない（第Ⅱ領域）：今すぐやらなくともチームの運営や自身の仕事に支障をきたさないものの、取り組むことで中長期的に大きな成果を生むことができるタスクです。トレーニングや仕組み作りなどがこれに該当します。

緊急だが重要でない（第Ⅲ領域）：自分の成果には直結しないものの、すぐに対応しなければならないタスクです。たとえば他の人の要請や些細なトラブル対応がここに該当します。この領域のタスクに時間を割くことはなるべく避け、他の領域にその時間を回すべきです。

緊急でなく、重要でない（第Ⅳ領域）：ここには無駄な雑談や長すぎる休憩、待ち時間、ついやってしまうネットサーフィンなどが含まれます。

「時間管理のマトリクス」における第Ⅲ領域と第Ⅳ領域を減らし、第Ⅱ領域をいかに増やせるかがポイントです。

　第Ⅰ領域については、特に意識しなくても最優先で即座に対応するものです。また、第Ⅳ領域は減らすことが可能です。雑談や休憩は時間を決めてある程度で切り上げ、「待ち時間が生じたら手をつけるタ

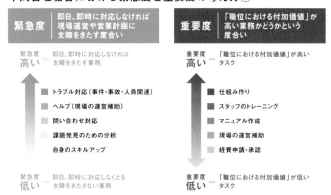

中間管理職者における緊急度と重要度の考え方①

緊急度	即日、即時に対応しなければ現場運営や営業計画に支障をきたす度合い	重要度	「職位における付加価値」が高い業務かどうかという度合い

緊急度
高い … 即日、即時に対応しなければ支障をきたす業務

重要度
高い … 「職位における付加価値」が高いタスク

- トラブル対応（事件・事故・人員関連）
- ヘルプ（現場の運営補助）
- 問い合わせ対応
- 課題発見のための分析
- 自身のスキルアップ

- 仕組み作り
- スタッフのトレーニング
- マニュアル作成
- 現場の運営補助
- 経費申請・承認

緊急度
低い … 即日、即時に対応しなくとも支障をきたさない業務

重要度
低い … 「職位における付加価値」が低いタスク

スク」をたくさんストックしておき、待ち時間が発生したらこれに着手すればいいのです。

　難しいのは、第Ⅲ領域を減らして第Ⅱ領域を増やすこと。

　実際の中間管理職者の業務記録を例に、中間管理職の業務を緊急度と重要度順に並べたものが、上図です。
　ここでの緊急度とは、すぐに実行しなければ現場運営や商品・サービスの提供に支障をきたす度合いのことを指しています。また、重要度については、「職位における付加価値」の高いものを、重要度の高い業務としています。ここにある現場の運営補助や経費申請・承認をないがしろにしているわけではなく、本来、中間管理職者でなくても担える業務であるという観点から重要度を低く設定しています。
　これらを「時間管理のマトリクス」に当てはめると、右ページの図のようになります。

　このように分類することで、自分が抱えている業務の優先度を可視化することができます。
　ただ「忙しい、忙しい」と思っているだけでは気づかなかった、

中間管理職者における緊急度と重要度の考え方②

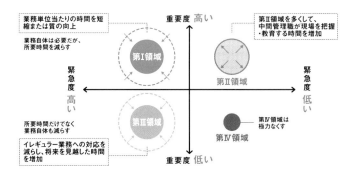

重要度 高い

業務単位当たりの時間を短縮または質の向上

業務自体は必要だが、所要時間を減らす

第Ⅰ領域

第Ⅱ領域を多くして、中間管理職が現場を把握・教育する時間を増加

第Ⅱ領域

緊急度 高い

緊急度 低い

所要時間だけでなく業務自体も減らす

イレギュラー業務への対応を減らし、将来を見越した時間を増加

第Ⅲ領域

第Ⅳ領域は極力なくす

第Ⅳ領域

重要度 低い

「意外と優先度の低い業務」の存在に気づきます。

　優先度の高いものから手をつけていくという考え方はもちろん大切ですが、それで業務を完遂できるのは、新人や現場スタッフだけです。

　中間管理職にとって重要なのは**「やらなくてもいいタスク」を見極める**ことにあります。

　第Ⅱ領域に注力する時間を捻出するため、かつては残業に残業を重ね、月300時間、400時間と働く人たちが大勢いました。しかし現在、働き方改革が進み、厚生労働省が定めた法定の労働時間を基準に考えると、月200時間くらいまでしか働けません。

　上の世代の人たちは、数々の問題を労働時間という力技で解決してきました。そのため上司に相談しても、労働時間を増やさずに成果を出すための解決策を知らないことが多いのです。

　だからこそ、自分で答えを導き出さなければならない「無理ゲー」になっているのです。

　業務を分析して緊急度×重要度のマトリクスに落とし込み、手をつけるべきタスクと後回しにしてもよいタスクを見極める。こうして第Ⅱ領域の業務にかける時間を捻出することで、自分の本来の仕事に取り組むことができるようになります。

中長期目標のため
自分の**レベルを上げたい**のに
日々突発的な業務に追われて**時間を作れない**

- - - - - - - - - - - - - - -

管理職として上から課されている中長期的な目標達成のために自分のスキルアップに時間を使いたいが、日々突発的に舞い込んでくる、瑣末な業務に追われてそんな時間がない。しかも、大概その突発業務は自分の成果には貢献しないのに急を要する内容のため、逃げられない。

攻略法

▶ 2 〜 3 分 単 位 の 隙 間 時 間 が で き た 瞬 間 に
や る べ き こ と を ス ト ッ ク し て お く

隙間時間というのは2〜3分単位で、さまざまなシーンで発生します。その隙間時間ができたらやることを、あらかじめストックしておきましょう。なお、隙間時間に着手するのは、必ず「未来の自分を助ける仕事」にします。

解説

　管理職には中長期目標が課せられています。これはただ漫然と業務をこなしているだけで達成できるわけはありません。組織作りや仕組み作り、マニュアルの整備など、打つべき手は山積みです。

　しかし、中長期目標に到達するための施策に取り組もうとすると、目の前に突然、すぐ対処しなければならない事案が発生してしまいます。体調不良で休んだ部下のサポートにまわらないといけなかったり、現場設備が壊れて補修の手配と工程のリスケをしなければならなかったり。一旦手を止め、中長期目標に向けて集中して取り組める時間など、与えられません。

　日々、忙しく業務に取り組んでいると、それが、目の前の応急処置なのか、今後につながる仕事なのか、という視点を見失い、ただただその日をなんとか乗り越える……という状況に陥ってしまうことがあ

ります。

　下の図は、横軸に緊急度、縦軸に重要度を取り、業務を4つの領域に分類したものです。緊急度は高いけれど重要度の低い第Ⅲ領域ばかりに対応して、一日が終わっていないでしょうか。緊急度は低くても重要度の高い第Ⅱ領域に取り組むことが、管理職の重要な責務です。

時間管理のマトリクス

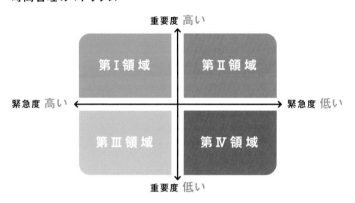

緊急度と重要度の視点で業務を分類

　目の前の業務に対応しているだけで一日が終わってしまうというのに、どうすれば1年先、2年先を見据えた活動ができるのか。働き方改革の関係で、残業を増やすわけにはいかないし。

　もう手詰まりに思えてしまうかもしれません。しかし、余計な時間は一切ないと思っていても、細切れに見ると、実は隙間が結構あるものです。

　次のページでお見せするのは、あるドラッグストアチェーンのエリアマネージャーが、自身の統括する店舗を回った際の記録をグラフ化したものです。このプロジェクトでは、エリアマネージャーの仕事の生産性を向上させるために、店舗に設置したカメラとICレコーダーで、エリアマネージャーがどのくらいの時間店舗に滞在したか、その間、

某チェーンストアにおけるエリアマネージャーの行動分析 滞在:103分

A店での時間経過

分類	0分	30分	60分	90分	120分	合計
業務に関する会話						48.2分 (46.7%)
患者様への接遇						0.5分 (0.4%)
スタッフとの雑談						8.6分 (8.3%)
電話						3.3分 (3.2%)
会話なし						42.7分 (41.4%)

滞在:92分

B店での時間経過

分類	0分	30分	60分	90分	120分	合計
業務に関する会話						59.1分 (64.3%)
患者様への接遇						0.4分 (0.5%)
スタッフとの雑談						2.5分 (2.7%)
電話						0.0分 (0.0%)
会話なし						29.9分 (32.6%)

現場の誰とどのような会話を何分何秒したのかという行動の記録を取りました。

　もちろん滞在中、もっとも時間を費やしたのは、店舗スタッフとの状況報告やレクチャーなど、業務に関する会話でした。他には、電話応対や店舗スタッフとの雑談などもありましたが、意外と多かったのが「会話なし」の沈黙の時間。

　A店では、滞在時間103分のうち42.7分、41.4%の無言時間。B店では、滞在時間92分のうち29.9分、32.6%の無言時間がありました。これは、話すべき相手が接客中だったり、電話や他のスタッフへの対応をしていたりして、エリアマネージャーが待機している時間です。**細切れの時間がほとんどですが、それでも、その時間をかき集めると、30〜40分という時間になるのです。**

　隙間時間それぞれは、たとえ2分、3分という非常に細かな時間であったとしても、そこを有効活用できれば、第Ⅱ領域の仕事を少しでも進めることができます。そのため、事前に「2分あったらこれをしよう」と、隙間時間にやることを決めておけるとよいでしょう。いく

ら忙しい人であっても、2〜3分単位の隙間時間は頻繁に発生します。

　2分ほどでできることを洗い出す際に有効なのが、「タスクブレイクダウン」の考え方です。大きな仕事やプロジェクトを、具体的で管理しやすいサブタスクに細かく分解していくのです。

　プロジェクトを一つの大きなパズルだと考えたとき、タスクブレイクダウンでは、そのパズルを小さなピースに分けていきます。各ピースはそれぞれ小さな課題や作業のことで、最終的にすべてのピースを組み合わせれば、パズルの全体を完成させることができます。

　たとえば、「新商品のローンチプロジェクト」という大きな仕事を抱えていたとします。これをタスクブレイクダウンしてみます。

　すると、「1.市場調査と需要予測、2.プロダクトデザインと製造計画、3.広告戦略の策定、…（後略）…」のように分けることができます。これでもまだタスクが大きいので、さらに小分けにしていきます。「1.市場調査と需要予測」は、「顧客のニーズを調査、同様の製品の市場での動向を分析」に、この「顧客のニーズを調査」はさらに「顧客インタビューの計画、質問の策定、…（後略）…」と分けることができます。「顧客インタビューの計画」をさらに分解すると「インタビュー先の洗い出し」「依頼文の下書き作成を部下に指示する」などになります。

　このように、作業を細かくすれば、2分間でできることがいくつも現れます。この細かなタスクを隙間時間に進めていくことで、大きな仕事も達成することができるのです。

　第Ⅱ領域に存在する、「重要だけどなかなか手を付けられない業務」を前進させるためには、細かなタスクを2分程度の隙間時間でコツコツ積み上げていくことが有効です。

無理ゲー

スキルアップしたくても
月200時間は日常業務で埋まってしまい
隙間時間すら作れない

- - - - - - - - - - - - - - -

中長期的な目標達成のための取り組みこそが管理職の本来業務であることは理解しているが、目の前のタスクをこなすだけで手一杯。もちろん、時間があればチームや自分のスキルアップにつながることをやりたいが、すでに勤務可能時間の上限近く働いていて隙間時間すら作りづらい。

攻略法

▶ 無意識の時間を意識下に収め、コントロール

現代人の行動の多くは、無意識のうちにやっていることがほとんど。逆に言えばその間を意識的に別の思考に使うことが可能です。無意識の行動時間を使って、アイデア出しや思考の整理をすることで、これまでになかった時間を生み出すことができます。

▶ 動作と思考を結びつける習慣化を

無意識の行動をしている時、身体はいわば自動運転状態。その行動と、特定の思考を紐づけ、「通勤時間には○○を考える」と習慣化させることで、着実に思考を重ねていくことができるようになります。

解説

日々のタスクにばかり追われているのでは、チームビルディングや部下の成長につながる取り組み、自己成長につながることといった中長期的な目線を持った仕事はできません。

とはいえ、月の労働時間がすでに会社が認めている残業時間の上限に届いている場合、これ以上勤務時間に頼ることは難しいでしょう。

目の前の仕事に追われる中、いかにして遠くの目標に向けて取り組

む時間を捻出すればよいのでしょうか。

　人は、朝起きてから夜寝るまでに、実に3万5,000回もの意思決定をしていると言われています。（ケンブリッジ大学バーバラ・サハキアン氏の著書『Bad moves: how decision making goes wrong, and the ethics of smart drugs』より）

　アップルの創業者スティーブ・ジョブズが黒のタートルネックとブルーデニム、足元はスニーカーというほぼ毎日同じファッションで過ごしていたのも、毎日の服装を判断する労力と時間を節約し、その分の時間とエネルギーを仕事に充てるためと言われています。要は、瑣末な意思決定の回数を減らしているわけです。

　一方で、**これだけの数の意思決定を下していても、その覚えがないのは、これらの決断の多くが「無意識」の下、行なわれているものだから**です。

　心理学の世界には、人間の心のうちの多くを占めるのは実は自分では意識できない「潜在意識」で、残りのわずかな部分が「顕在意識」として存在しているという考え方があります。その潜在意識、いわば無意識の割合は、90％であるとも、95％であるとも言われます。

南カリフォルニア大学心理学部教授のウェンディ・ウッド氏は、日常行動の43％が、無意識の習慣として行なわれていると述べています。

　食事や歯磨き、シャワー、着替えなど、自身の行動を振り返るだけでも、無意識のうちにやっている習慣というのは多いのではないでしょうか。また、毎日同じルートで通勤している人は、家を出てから会社に到着するまでの移動が無意識の習慣になっているかもしれません。

　残念ながら、こうした無意識の行動や心の動きというのは、脳の構造上、ゼロにはできません。すべての行動や思考を意識下に置くと、脳の消費エネルギーが膨大になってしまうからです。

　ただ、このような無意識に費やしている時間の一部を、意識的に使うことは可能なのではないでしょうか。

　たとえば、無意識にしている動作と思考を紐づけてみる。「朝の身支度をしている間は、朝礼で話すことについて考えよう」とか「事業所間の移動中は、中期計画の達成度合いについて振り返ろう」とか。

　無意識で習慣的な行動をしている間は、頭で考えなくても身体が勝手に動くような状態になっていたり、それこそ無意識のうちに状況判断ができるようになっていたりします。その間、同時進行で違うことを考えたり、話したりすることもできます。免許を取りたてのうちは車の運転をしながら音楽を聴くことも、人の話を聞くこともままならないのに、慣れてくると、運転しながら会話をしたり飲食したりできるようになるのは、その一例です。

　無意識に奪われている時間をなるべく意識下に置いていくことで、時間を有効に活用できるようになります。

　7時間の睡眠をとる人は、1日のうち17時間起きていることになります。無意識の習慣が43％の時間を占めているということは、起きている17時間のうち、実に7.3時間もの間を、無意識のうちに過ごし

ていることになるのです。仮にその中のたった10％でも、自分の意識下にコントロールすることができれば、40分以上を捻出することができるわけです。

　しかしながら、脳のパフォーマンスは常に一定ではありません。たとえば食後。食事から30分前後で血糖値が最大になり、そこから徐々に下がっていきます。この血糖値が降下する時に、眠気が強くなり、頭がぼーっとしてしまうのです。

　脳のパフォーマンスにはムラがあることを念頭に置いて、あまり頭が働かない時にすることを、あらかじめ決めておきましょう。「なんか集中できないなぁ」と思ったら、その時間には企画を練るのをやめて、経費の精算をするなど。頭の状態別に数分でできる作業リストを用意しておくのです。

　自動的に習慣に従っていた無意識状態の時間を意識的に使うという力技で、時間というリソースを捻出する。この新たに手に入れた時間を、考えることに充ててもいいし、情報収集や勉強に使ってもいい。無意識に実行している習慣と同時進行できるような作業を選び、「通勤の間はこれをする」「歯を磨いている間はこれをする」というように決めておきましょう。

　こうした時間も有効活用することで、中長期的な目標に向けた取り組みに着手できるようにしていきましょう。

時間をかけて作った
マニュアルを見てもらえず、
質問ばかりで時間をとられる

- - - - - - - - - - - - - -

業務マニュアルや資料がたくさんあるのに、ほとんど参照されておらず、せっかくの
マニュアルが機能していない。当然、現場ではミスや手際の悪さからトラブルが頻
発。ゲームクリアのための攻略本を作ったのに、参照されずにずっとクリアできて
いないような現状を打破したい。

攻略法

▶ マニュアルは作ることより使うことに主眼を置く

いつどのように使われるのか、という視点が抜け落ちているマニュアルをよく目にします。
マニュアルは完璧な作りを目指すより、1日でも早く使ってもらうことに主眼を置くこと
で、形骸化が防げます。

▶ 優先順位も大事だが、重視すべきは「劣後順位」

管理職の人には、1から100まですべてを重要なこととしてマニュアル化したり、資料を
作ったりする時間はありません。重要なのは「何を切り捨てるか」。優先順位より劣後
順位を明らかにし、あえて明文化を見送る業務を見極めることが大切です。

解説

オペレーション分析を生業としているわれわれは、仕事柄、多くの
企業のマニュアルを目にします。特に業務を標準化するために、マニュアルが必要不可欠であるということは多くの人が理解していること
と思います。

しかし、せっかく時間と手間をかけて作ったにもかかわらず、活用
されていないマニュアルが非常に多いということに驚かされます。

マニュアルを作る際には、そのマニュアルが誰の何を助けるものなのか、その目的と、活用されるシーンを明らかにする必要があります。しかし実際には、読み手や目的を意識することなく、とりあえず作業の手順を最初から最後まで記しただけというマニュアルが多く存在しています。

誰の、何を、どのようにサポートするマニュアルなのかを定義しておかないと、誰にも使われないマニュアルになってしまいます。

マニュアルが作られる目的には、主に3つのケースが考えられます。

ケース①：業務の引継ぎ

異動や退職などで担当者が変わる際、前任者から後任者へ業務を引継ぐためにマニュアルが作られます。いわゆる「引継ぎ書」です。後任者の経験などにもよりますが、1から100まですべての手順について細かく記す必要が出てくるケースも、少なくありません。

ケース②：新人教育

これが、マニュアル作成の中ではもっとも多いケースです。新人スタッフを迎え入れる時に、「これだけは知っておいてほしい」という基本事項を言語化、可視化したマニュアルが必要になります。

ケース③：パフォーマンス向上

業務を一通りこなせるようになったスタッフのためのマニュアル。パフォーマンスや業績をさらに上げるためのポイントをまとめたものです。

①業務の引継ぎ、②新人教育のマニュアルは、用意してある職場が多いですが、③パフォーマンス向上のためのマニュアルを作っている職場は稀です。

①業務の引継ぎ、②新人教育のマニュアルがないと、業務に支障が生じることがあります。重要なマニュアルではあるものの、日常業務

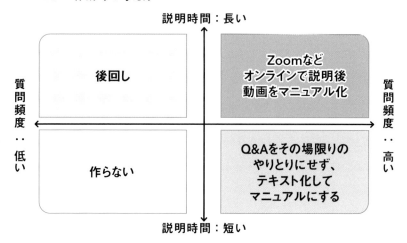

マニュアル作成時の考え方

説明時間：長い

質問頻度：低い

後回し

Zoomなど
オンラインで説明後
動画をマニュアル化

作らない

Q&Aをその場限りの
やりとりにせず、
テキスト化して
マニュアルにする

質問頻度：高い

説明時間：短い

をこなしながらマニュアルを作成する時間を捻出するのは、なかなか大変です。

　そこで、マニュアル作成の労力を軽減するために、オンライン指導を活用しましょう。新人スタッフや後任者に仕事を教える際、対面で直接指導するのではなく、ZoomやGoogle Meetのようなオンライン会議システムを使い、録画しておくのです。

　動画マニュアルを作ろうと思ったら、台本を書いて、録画して、編集して……と、非常に大きな手間と時間がかかります。そうではなく、説明や教育の様子を録画しておいてそのままマニュアルとして使用する。これが、手っ取り早く無駄のない動画マニュアル作成方法です。

　③パフォーマンス向上のマニュアルについても考えてみましょう。マニュアルを作成すべき業務を選定する際、マトリクス化して考えることができます。

　これまで自分が質問を受けたりアドバイスしたりしてきた頻度や回数の多いテーマを棚卸しして、それを一つの軸として考えます。さら

にもう一つの軸を、説明時間の長い、短いで設定します。

　この時、すべてをマニュアル化するのではなく、**マニュアル化しなくていい項目だけをまず可視化し、切り捨てる**ことが重要です。重要になるのが、「劣後順位」。適切な判断をするために、左図のようなマトリクスを用いて、劣後順位を可視化します。そして「質問頻度が低く短時間で説明できる左下部分のマニュアルは作らない」と見切りをつけるわけです。

　もちろん、すべての質問をマニュアル化できるならそれに越したことはないのですが、そんな時間はどこにもありません。どの作業には手をつけなくてよいかを判断し、時間を確保しなければ、業務が回らないのです。それでいくと、質問頻度も低く、説明するとしてもそこまで時間をとられないような業務については、わざわざマニュアルにする必要がないという判断ができるのです。

　残った3つの領域のうち、説明時間が長くなりがちで、質問される頻度の高い部分から順にマニュアル化していくとよいでしょう。このようにして、マニュアルを作る際に時間や手間の無駄が生じないような工夫を凝らしていきましょう。

状況判断を伴う作業に対して
毎回同じ指摘や指導をする羽目に。
いいマニュアルはないものか

部下に対して教えたはずなのに、毎回同じようなミスを指摘している。部下からの質問も、前に教えたことばかり。状況に応じた判断基準や考え方を伝えているのに、少しでも状況が変わると、対応力がなくなってしまう。どうにか独り立ちさせるためのマニュアルは作れないものか。

攻略法

▶ "状況判断" ドリル問題集を作る

　成果やパフォーマンスに直結しそうな状況判断の場面が発生したら、それをケーススタディとしてメモしておきます。このメモがある程度たまったら、クイズ形式のドリル問題集を作ります。それを解いてもらうことで、部下たちにトレーニングをさせましょう。

解説

　日々製作物の内容が変わったり、仕事相手が変わったりして毎日同じような状況が発生しにくい職場の場合、その都度状況に応じた判断が発生しており、これらはログが残りにくく、マニュアル作成に再利用できるようなデータがほとんどありません。

　基本的に、現場の状況判断を伴う作業というのは、それだけ「暗黙知」が多く含まれている作業と解釈できます。工程が増えれば増えるほど、それだけ多くの解釈が生まれ、そこに属人性が出て、その中からコツや工夫のようなものが自ずと生じてくるためです。

　そして、**状況に応じた判断基準や考え方を丁寧に説明したからといって、その後すぐに判断ができるようになるものでもありません。**何ヵ月も何年も現場経験を積んで、ようやく判断基準が身につくような

作業も多々あるでしょう。これらはかつての労働基準の下では、日々の長時間労働の中で身につけてくことができたのでしょうが、現代の短い労働時間と少ない場数では一向に習熟せず、独り立ちが叶わない、という嘆かわしい状況も頷けます。

　それでは、短時間でも状況判断力が身につくようにするには、どのような手立てが有効なのでしょうか。

　たとえば、大衆居酒屋での予約電話対応。19時の予約希望を要望通りそのまま受けるのか、「18時30分であれば、広いお席がご用意できます」と提案し、2回転目のお客様を受け入れられるよう調整するのか。19時から予約が入れば、居酒屋なら早くても退店は21時になるでしょう。ピークタイムにその卓に1組のお客様しか入れられないことになります。これを30分早めることで、20時30分に2回転目のお客様がいらっしゃるかもしれません。お客様を1組増やせる確率が上がるわけです。こうした機転のきいた提案は、一朝一夕にできるものではありません。なおかつ、どのような言い回しで予約を受けるかはログデータとして残らないため、トレーニングしにくい部分です。

　また、ただ席を埋めればいいというわけでもありません。その日のスタッフの人数や力量によっては、たくさん予約を受けないほうがいいこともあるでしょう。逆に、天気が崩れる予報が出ていて、当日客が少なそうであれば、なるべく予約を多く受け入れておいたほうがいいかもしれません。

　本当にケースバイケースで、「こういう時はこう」と一概には言えない。その状況になってみないと答えが出せないことも往々にして起こります。これらを一個一個説明していると、かなりの時間がかかります。さらには、同じような状況判断の必要性に迫られるシーンが頻発すれば、生産性も下がる。すなわち、状況判断の際に考慮すべき要素が多く、かつ発生頻度も多い。これをマニュアル化とすると非常に効率がよいわけです。

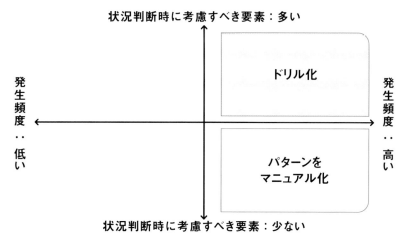

マニュアル作成時の考え方

状況判断時に考慮すべき要素：多い

発生頻度：低い

ドリル化

パターンを
マニュアル化

発生頻度：高い

状況判断時に考慮すべき要素：少ない

　ただ、これを単にケース1、ケース2、と状況説明からしていけば、冗長なマニュアルになり、誰にも読まれなくなります。ここで有効になるのが、ドリル形式の練習問題です。状況判断が難しく、発生頻度の高い問題について、練習問題を作っておくのです。

　たとえば、次ページの図。土曜日の18時30分に、3名のお客様が来店されました。店内は、19時に予約の入っている4人席を確保した状態で、他は満席。デザートを食べ終わっている席が一つ（4人掛けテーブル席）あります。この状況の時、次のどちらのアクションが正しいでしょうか。
　①「すみません。満席なので、少々お待ちください」と伝える
　②予約札を外して、その席にお客様を案内する
　正解は、お店によって違います。ゆったりと時間をすごしてもらうようなお店であれば、デザートを食べ終えたお客様がまだまだ席を立たないかもしれません。また、ご予約のお客様に特別な席を用意しているお店であれば、予約席はご予約のお客様のために取っておくべき

です。その場合、①が正解です。

　しかし、回転の早いお店であれば、②が正解になります。そろそろ空きそうな席があれば、予約で押さえていた席にお客様を通して、後から空いた席を予約席に変えてしまえばいいのです。予約席を固定しておく必要はなく、臨機応変に対応して、機会損失を防ぐのです。

　このような事例を練習問題として集めたドリルを用意しておき、スタッフたちのトレーニングに活用します。現場でスタッフから質問を受けたこと、スタッフの行動に指摘したことを、一つひとつストックし、学習ドリルを作っておく。もちろん大変な労力がかかる作業ではありますが、**一度作ってしまえば、その先ずっと教育に使うことができます。**これまで暗黙知とされていた**ベテランの「勘」や「コツ」や「経験知」といったものを可視化し、ケーススタディとして運用**していくのですから、長い目で見れば、ずっと時間と労力を節約しながら、共有知化していけるわけです。

お客様来店時の状況

日時：土曜日　18:30

席の状況：
　予約席を1卓確保中
　デザートを食べ終わっている卓が1卓

ウェイティング：なし

お客様

　3名ですが、すぐ入れますか？

■ お客様着席中のテーブル

デザートまで
食べ終わっている

13卓

12卓
空席

19:00からの
予約席

R

3名/組　◀

眼前の業務に毎日全力で
取り組んでいるのに、待遇や業務内容が
ステップアップしていかない

- - - - - - - - - - - - - - -

日々やるべきことが山積し、その業務をさばくだけで1日の大半が終わる。月に200時間はコミットしているのに、相応の評価も賞与も得られない。次々と現れる敵を倒し続けてHPばかりが減り続けているのに、ステージも変わらなければレベルも上がらないような状況。

攻略法

▶ まずは、自分が見ている景色と
見るべき景色を認識する

会社があなたに求めている頑張りどころと、あなたが日々取り組んでいる業務が、ズレている。それが、あなたが頑張ってもなかなか評価されない原因かもしれません。そのズレに気づくために、まずは自分の見ている景色、見るべき景色を認識しましょう。

▶ 責任の大きさによって、見るべき景色が異なる

あなたが現場のオペレーターや一般社員であれば、目の前の仕事をやっつけることがあなたの任務です。しかし、あなたが部下を持つ立場なら、目の前の仕事をこなすだけではいけません。先々を見据えた対策をとることこそが、あなたの本当の任務です。

解説

頑張っているのに、自分の待遇が一向に上向かない。それはもしかしたら、その頑張りが、職責に応じたものでないからかもしれません。

マネージャーが評価を得るには、13ページで触れた「時間管理のマトリクス」の緊急度が低く重要度の高い業務（第Ⅱ領域）、すなわち先を見越した仕事に時間を費やすことがポイントになります。

何にどれだけの時間を費やすか、この配分を間違えてはいけません。

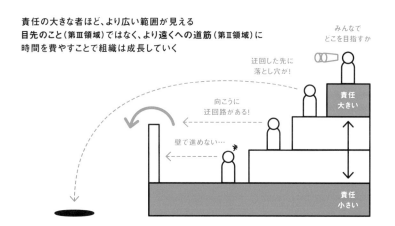

責任の大きな者ほど、より広い範囲が見える
目先のこと（第Ⅲ領域）ではなく、より遠くへの道筋（第Ⅱ領域）に
時間を費やすことで組織は成長していく

みんなで
どこを目指すか

迂回した先に
落とし穴が！

向こうに
迂回路がある！

壁で進めない…

責任
大きい

責任
小さい

　責任の大きい立場の人、たとえば役員クラスであれば、半年後ではなくさらに先、1年後、2年後のことを考えておかなければなりません。経営者なら、3〜5年後の中期経営計画を考える必要があります。**役職に応じて、見据えるべき先々の距離が違ってくる**のです。

　小さな現場単位で見たら、「とにかく目の前のことを頑張ろう」となるでしょう。しかし、上掲の図のように、責任が重くなるほど高い視座に立つことになるわけですから、より遠くを見通せるはず。ロングスパンで今後の見通しを立てなければなりません。

　遠くを見通すというのは、「第Ⅱ領域（緊急度が低く重要度の高い業務）に手をつける」ということです。

　我々の独自調査によると、**部門責任者が第Ⅱ領域の業務に割く時間が全体の25％以上を占めている場合、その部門の生産性は会社内でトップ2％という非常に優秀な成績を収める**ことがわかっています。この部門では、責任者が現場を離れていても、継続的にスタッフが育ちます。
　一方、第Ⅱ領域に割く時間が15〜20％の場合、生産性は上位20％

マネージャーの第II領域に割く時間とチームの生産性の関連

第II領域の占める割合	生産性の位置付け	組織の傾向
25%以上	上位2%	**各組織の生産性上位者・創造的な業務** 責任者が現場を離れても継続的にスタッフが育つ組織
15-25%	上位20%	**生産性は高いが、責任者への依存度が高い**
5-15%	中位	**生産性が乱高下して安定しない** スタッフによるばらつき
5%以下	下位	**ミス・エラーやトラブルが絶えない組織** 労働時間が超過しやすい

と高いものの、責任者への依存度が高くなります。そして、第II領域に割く時間が5〜15%になるとスタッフによって生産性にばらつきが生じ、5%以下ではミスやエラーが頻発するようになります。

　25%というと、トップレベルの管理職人材であれば1日8時間働くうち2時間もの時間を先々を見据えた仕事に費やしているということ。責任者が第II領域にどれだけ時間を割いたかが、生産性にダイレクトに影響を与えるのです。

　しかし、「緊急度が低くて重要度の高い第II領域の仕事」と言われても、あまりピンとこないかもしれません。ここは時間軸で考えるとイメージがつきやすいでしょう。

　一般社員であれば、とにかく今月頑張る。係長クラスであれば、3ヵ月後の仕事を視野に入れる。そして課長であれば、半年後ぐらいまでは考えておきたいところです。

　もちろん、業種や事業形態によって、どこまで見通すのかが変わってきます。また、職種によっても異なるでしょう。

　とはいえ、部長職に就いている組織を統括する立場の人が「今月こ

んなトラブルがあって、参ったよ」で終わらせているようではいけません。部長の仕事は、2年後、3年後を見通すこと。そのトラブルは次回も起こり得るのか、今回起きたトラブルは何が原因となって発生したのか、次にまた同じ状況になった時はどのようにすればよいのか、検討することが大切です。

　トラブルが起こったということは、見方を変えれば改善のチャンスが訪れたということです。今回は場当たり的な対応でその場をしのいだかもしれませんが、この機会に対応策を用意し、次からはマニュアルを見ればいい状態にしておきましょう。

　トラブル対応における一つひとつの積み重ねが、2年後、3年後のトラブルシューティングに活かされます。先を見据えて対策することで、何年か先に同じトラブルに見舞われた従業員が「部長、大変です!」と駆け込んでくることを予防できるのです。
　今目の前で起きている問題を叩くのではなく、先々に起こり得るものを、あらかじめ見通して対策しておきます。

　もし、トラブルが起きた要因が判明したのであれば、二度と起こらないような業務フローを作るのも、解決策の一つです。
　「今のバタバタが落ち着いたら」「いつか時間ができた時に」と思っていたら、まずやりません。移動時間や待ち合わせなどの隙間時間を使って、コツコツ積み上げていきましょう。

　自分の立ち位置に見合った、先を見据えた行動をとっていれば、あなたの評価は自ずと高まっていくはずです。

無理ゲー

顧客満足度を上げるため
取り組みを定義し、PDCAを回しているのに、
下振れが全然なくならない

- - - - - - - - - - - - - - -

顧客満足度を上げるための施策を定義し、取り組み、PDCAを回している。しかし、なぜか一向に顧客満足度の下振れがなくならない。現場はちゃんと取り組んでいるのだろうか。一体どうすれば、下振れをなくせるだろうか。

攻略法

▶日々のオペレーションを可視化。
顧客満足度が低い「本当の理由」をあぶり出す

頭で考えた「顧客満足度が下がっている理由」は、正しくないかもしれません。日々のオペレーションを可視化して、施策を一定期間実施し、効果を比較することによって、本当の理由が見えてきます。「○○した時に、顧客満足度が落ちた」「△△した時は、顧客満足度が上がった」と目に見えてわかれば、あとはそこを改善すればよいだけです。

解説

　ある携帯ショップからのご相談を受け、店舗での顧客満足度を向上させるために現場のオペレーション分析を実施したことがありました。

　携帯ショップなどでは、顧客満足度を測る際、一般的に「NPS」という指標が重視されます。NPSとは、「Net Promoter Score（ネットプロモータースコア）」の略で、顧客ロイヤルティを測る指標です。顧客を対象にアンケート調査を実施し、「当社の商品やサービスを親しい人にどの程度おすすめしますか」という質問から「0〜10の11段階」で回答を取得、値を算出します。

　もともと、この携帯ショップでは、NPS向上のための取り組みとし

て、接客マニュアルを作成し、研修を何度も実施し、接客態度の改善を試みていました。そして、「肘をついて接客しない」「お客様の目を見て接客する」といったように、礼儀正しく丁寧な接客態度を目指すよう、指導を行なっていたのです。

　しかし、接客の様子をモニタリングしてみると、会話の間や言葉遣い、アイコンタクトなどに表れる態度が礼儀正しく親切であることと、実際のNPSのスコアには、相関が見られませんでした。接客態度がよいとは言えない店員が相手であっても、その接客を受けたお客様のNPSスコアが必ずしも低くなるような相関は見られなかったのです。

　そこで、現場に入れたカメラで接客の様子を記録し、販売スタッフのどの動作が、その後のお客様のNPSへ大きい影響を与えるのかを分析しました。

　すると、接客時のスタッフの頻繁な離席が、NPSを大きく下げる要因であることが判明したのです。

　その携帯ショップでは、椅子に腰かけてカウンター越しに対面し、1対1で接客するというスタイルをとっています。

　その場合、バックルームにスタッフが入る頻度や時間が増えれば増えるほど、NPSが低下していくという結果になりました。

スタッフが頻繁にバックルームに入ったり、入ったきり長時間放置されてしまったりすると、お客様は、自分がないがしろにされたような気持ちになってしまうのかもしれません。

　この結果をふまえると、NPS向上のために改善すべきは、肘をつかないとか目を見て接客するといった接客態度ではなく、「バックルームに入る頻度や時間を減らす」ことだとわかります。

　バックルームに入る目的は、在庫の確認や、上司に資料を確認してもらうことなどです。しかし、これらは在庫数を事前に確認したり、契約に必要な書類をあらかじめ揃えておいたりすることで、接客中の離席を減らすことができます。

　「NPSを向上させるには、接客態度をよくするべきだ」という仮説は、一見、理に適っているように見えますが、実際は机上で考えた、いわば「思い込み」や「固定観念」によるもの。

　しかし、実際に現場で起きていることを見てみると、まったく違う要因が大きく影響していました。

　このように、**「ここを改善すれば、こういう成果が出るはずだ」と思い込んでいる定説や常識が、必ずしも正しいとは限らない**のです。

　たとえば、ある飲食店では、お客様の入店から着席までの待ち時間が非常に長いという課題があり、これが顧客満足度を下げる原因と見て、あらゆる施策を講じていました。

　ところが、我々が実際にNPSと「お客様の店内での体験」との相関を調べると、彼らの予想とは異なる結果が出てきました。

　それは「待ち時間」の長さそのものよりも、「自身が席へ案内される時に目にする空席の数」が大きく相関しているということ。

　たとえ数分でも待たされた時に、自分が案内された席以外に空席が多いと、「本来はもっと早く座れたのでは」「スタッフの不手際やお店の都合で余計に長く待たされた」という負の感情を呼び起こし、これ

が顧客満足度の低下につながる、という結果だったのです。

　逆に待ち時間が長くとも、席案内時に自分が座る席以外が満席の状態だとNPSが下振れすることなく、「繁盛しているお店にようやく入れた」と料理やサービスへの期待が生まれる形で、プラスに働いていたのです。

　実際にその店舗では、お客様が混雑するピークタイムに店内に案内可能な空席があったとしても、オーダーが集中しすぎて料理のクオリティや提供速度が低下してしまわないように、との狙いであえて席案内を遅らせていたのです。

　つまり、**本来顧客満足度向上につながると考えてやっていたことが、まったく逆の結果を生んでしまっていた**ということ。

　一見、悪くないサービスを提供しているのに顧客満足度が上がらないという場合、従来の固定観念や定説で考えるのをやめてみてはいかがでしょうか。日々のオペレーションを可視化し、そこに顧客満足度を左右する原因が隠れているはず。これをあぶり出し、改善策を講じて一定期間、様子を見てみましょう。こうしたトライをくり返せば、これまで見落としていた顧客満足度低下の「本当の理由」が見えてくるはずです。

無理ゲー ビジネス書や先輩・上司が語る理想の

マネージャー像は、どれもバラバラ。

どんな姿を目指せばいいのかわからない

- - - - - - - - - - - - - - -

ビジネス書や自己啓発本を読んでみると、本によって真逆のことが書いてある。「リーダーシップを発揮して厳しくチームを率いていくリーダーに」と説いている本もあれば、「心理的安全性を担保できる組織作りをしなければならない」と主張する本もある。
結局、自分は何を目指せばいいのだろう?

攻略法

▶ マネージャー像は大きく4タイプ存在する。
まずは「伴走者タイプ」を演じられるように

マネージャー像には「町医者タイプ」「友人タイプ」「指導者タイプ」「伴走者タイプ」の大きく4つのパターンが存在します。どのタイプも状況に応じて演じ分けられることが最上ですが、最初からそんな芸当ができる人はまずいません。プレーヤー歴が長く、マネージャーに着任して間もない人は、まずは伴走者タイプを演じられるようになるとよいでしょう。

解説

　あらゆる企業の中間管理職者にどのようなマネージャー像を目指しているか、どんなマネージャーを参考にしているかを尋ねると、先輩社員や、過去の上司という答えがもっとも多くなります。マネージャー着任後すぐは、自分の先輩や上司の真似をして振る舞う人が多いということです。

　しかし、過去に先輩や上司のマネジメント方法で機能していた環境やチームと、今現在、皆さんが任されているチームや周りの環境とは大きく異なるはずです。**先達のやり方をそのまま真似してみたところ、チームの反感を買ったり、信用を失ったりして思い悩んでいる中間管理職者も多いのです。**

　これまでさまざまな中間管理職者の分析を行なってきた結果、「町医者タイプ」「友人タイプ」「指導者タイプ」「伴走者タイプ」の主に4パターンのマネージャー像が存在することがわかりました。

町医者タイプ	友人タイプ	指導者タイプ	伴走者タイプ
理解者	仲良く・信頼	統率	パートナー

町医者タイプ

　地域の人たちに寄り添い、ちょっとしたケガから病気の早期発見まで、さまざまなサポートとケアをしてくれる町医者のようなマネージャー。些細なことにも重大な問題にも、適切なアドバイスをくれる理解者です。

　年配の上司の中には、この町医者タイプに到達できた人がいるかもしれません。その姿に憧れを抱いたとしても、あらゆる問題に対応できるだけの経験と知識、それに裏打ちされた人格を要するため、最初に目指すマネージャー像としては、あまりに遠すぎます。

友人タイプ

　「頑張ろうぜ!」「よくやった!」と、部下と親しく身近な関係のマネージャーです。このタイプのマネージャーは、部下との相性によって、かなり評価が分かれます。

　相性がよければ、信頼関係を築き、仲のよい和気あいあいとしたチームになります。しかし、相性がよくない場合、統率がなかなかとれ

ません。

　相手次第なところがあるため、チーム作りに再現性がなくなってしまうのが、このタイプの欠点です。

　友人タイプでの接し方ができる人は、これも手札の一つとして持っておき、他のタイプのマネジメント法も習得しておくと、あらゆる状況に対応できるようになるでしょう。

指導者タイプ

　学校の先生や指揮者のような指導者タイプ。統率型のマネジメントで、強いリーダーシップでチームを導きます。
「こうしましょう」「ああしなさい」と具体的な指示を出すのが特徴です。このタイプは、短期的な業績を上げるためには効果的ですが、長期的に業績を保つことは難しいです。

　業績が好調な時は部下からの評価もよくなりますが、ひとたび業績が悪化すると、不信感を持たれてしまいます。「あなたがこうしなさいと言ったんですよね。そのせいで業績が落ちてきましたけど」という具合です。指導者タイプのマネージャーは、常に正しくなければならないというプレッシャーを抱えているのです。

　市場が成長過程にあった際にマネージャーだった人の多くがこのタイプに属します。しかし、市場が成熟し、従来の勝ち筋が通用しなくなった時に、着任間もない若手マネージャーがこのタイプの言動や振る舞いを真似ると、反感を買いやすくなってしまうという傾向があります。

伴走者タイプ

　チームのメンバーと常にコミュニケーションをとり、要所要所でフィードバックを行ないます。今、ゴールまで何キロの地点なのか、100m何秒のペースで走っているのかをフィードバックする、伴走者のような頼れるパートナーです。仮に自身が世界記録保持者並みの成果を持っていなくとも、プロセスを定量化したり、「ちょっとこのま

ま行くと危ないね。何か施策を打ってみようか」とフィードバックしたりすることは可能です。このタイプは、年齢を問わず目指すことのできるマネージャー像です。

これら4つのマネージャー像は、どれが正解で、どれが間違いということはありません。

最適なリーダーシップのスタイルは、業界の成長度合い、組織の文化や目標、メンバーの特性によって異なりますが、**新任マネージャーはまず比較的習得難易度の低い伴走者タイプを演じられるようになることをおすすめします。**

企業側の視点から見れば、市場が成長し、ビジネスモデルや勝ち筋が確立されているような組織においては、強いリーダーシップで引っ張ってくれる指導者タイプのやり方は合理的です。しかしながら、市場が成熟期にあったり、成長が鈍化していたりと必勝のパターンが誰にも見つけられないような時には適さないマネジメントのあり方と言えます。

また、あらゆる状況に適応し、成果を出しやすい町医者タイプは、どんな組織でも望まれるマネージャーの姿かもしれませんが、こうしたタイプを推奨する組織においてはマネージャーへの昇格難易度が自ずと高くなるため、若手の人員登用が難しくなる、という懸念点もあります。

自社の文化、プロジェクトの目標、チームメンバーの特性、そして自分自身のスキルと性格などを鑑み、どのマネジメントスタイルが最適かを見極めることが大切です。

マネージャーとしての
ロールモデルもいなければ、
実務研修もない。
いつも探り探りで戦っている

- - - - - - - - - - - - - - -

マネージャーになった途端、指導やフィードバックを受ける機会が激減。身近なロールモデルもいないし、マネージャーとしての実務研修も受けていない。果たして自分の仕事の進め方が合っているのかわからず、いつも探り探りで仕事をしている。

攻略法

▶ 自分の言動を録画や録音し、客観視する

ロールモデルがいないなら、自分自身を反面教師にしたり、客観視したりすることで「なりたい自分」を探る方法を考えましょう。自分の言動を録画、あるいは録音し、それを客観的に振り返ることで、直すべきところ、伸ばすべきところが見えてきます。

解説

　マネージャーになったはいいけれど、仕事に対するフィードバックをもらえる機会がなくなってしまった。どうやってマネージャーとしての力をつけていけばいいのだろう?

　これは、多くの新任管理職者が抱えるジレンマです。事実、管理職が教育を受けられる機会というのは偏っています。

　プレイヤーとしての教育に力を入れる企業は数多く存在します。入社した瞬間に新人社員研修や各部署のOJTなどがあり、その後の配属先では業務の手順や機器の操作方法といったレクチャーから、日々の仕事への向き合い方、就業態度、その他にも色々と教育を受ける機会があり、その都度上司からのフィードバックも得られるでしょう。

　それが、マネージャーになった途端、実務的な教育機会がなくなり、本などで学ぶ「管理職としての考え方、心得」といった概念のインプットばかりになってしまいます。

入社後の研修を受ける機会の変化

入社	…新人社員研修　各部署OJT　など	
↓		
現場	…プレーヤーとしての教育機会: 　機械の操作方法のレクチャー　など	アウトプットに対してのフィードバックの機会が多い
↓		
中間管理職	…マネージャーとしての教育機会: 　自分で本を読む　など	思考や概念のインプットが中心。アウトプットに対してのフィードバックの機会が少ない

　もちろん、インプット中心のマネージャー研修などを受けている方もいらっしゃいます。

　でも実際に困っているのは、「部下を指導する際に、何をどう言えばいいのかわからない」「トラブル発生時の対応に自信がない」といった、もっと具体的な部分ではないでしょうか。

　ところが、上司から「実際の失敗例を紹介しながら説明したほうが、印象に残るよ」「○○のアラートが出たら、他部署に応援要請していいから」といった詳細で明確なフィードバックを得る機会は、なかなかありません。

　管理職になる前は頻繁に受けていたこうした指導やフィードバックがなぜなくなるのか。その理由は、**プレイヤー教育とマネージャー教育では、教育にかかるコストも難易度も大きく異なるためです。**

　特にマネージャー教育では、OJTのような形で上長と空間をともにして指導を受ける機会は目に見えて減ります。

　これは、実施コストがかかるためです。マネージャーの上長となれば、部長や本部長、時には役員クラスということもあるでしょう。つ

まり、給与が高くて忙しい人たちなので、マネージャーの指導方法を
チェックする時間もなければ、そんなコストもかけていられないので
す。

　そのため、マネージャーがフィードバックをもらえる機会が減り、
マネージャー教育は抽象的な考え方のインプットばかりに陥ります。
　要は教育改善のPDCAサイクル（Plan-Do-Check-Action cycle）の
「C：Check」と「A：Action」が回りにくい環境にあるのです。

　ある企業でマネージャー層にアンケートを取ったことがありました。
「マネージャーに昇格して以降、部下への指導について上長からフィ
ードバックを得た経験は何回ありましたか?」と。
　すると、「年に1回、多くて2回」といった回答がほとんどだったの
です。皆さん、「探り探りでやっている」とおっしゃっていました。
　アウトプットに対してのフィードバックの機会がこれだけ少なけれ
ば、マネージャーとしての成長速度が遅くなっても仕方がありません。

　他者からのフィードバックがもらえなければ、我が身を振り返った
り、直したりする機会も減ってしまいます。自分自身のことはなかな
か客観視できないものです。また、抽象的な概念を学んだところで、
具体的な実践に落とし込むまでには時間がかかります。

　しかし、不満を言うだけでは何も始まりません。上長からのフィー
ドバックをもらえない場合でも、自分で自分にフィードバックを与え
ることで、自己成長を促進することが可能です。
　我々が提案したいのは、自分の言動のログを残し、それを自分で振
り返ることです。
　たとえば、オンライン会議の様子を録画したり、録音したりしてお
きます。現場に出向いた際や、営業先に行った際なども、そこでの会
話を録音しておきます。そしてそれを自分自身で見直したり、聞き直

したりするのです。

　会議を丸ごと聞き直す時間をとることは難しいでしょうから、移動時間や、業務中に発生するちょっとした待ち時間などの隙間時間を使って、自分の発言だけを聞き返すのです。

　時間を置いて客観的に自分の発言を聞いてみると、**思いのほか曖昧な指示出しをしていたり、口調がキツかったり、あるいは正すべき口癖があったりと、見えなかったものが見えてきます。**

　こうしたところから、もし長所があるようであればそこを伸ばし、直すべきところは直していく。これによって、「もっとこうしたほうがいいのでは」「こうやって説明すると、部下たちはついていきやすいな」といったような、目指すべきマネージャー像が見えてくることもあるでしょう。

　中間管理職ともなれば、すべてを誰かに教わろうとせずに、自分に学び、自分で正す方法を身につけることが大切です。

無理ゲー

見なければいけない議事録、作らなければいけない報告資料
が山積し、他の仕事を圧迫している

- - - - - - - - - - - - - - -

会議の議事録を部下に頼むと提出までに時間がかかる。当然、目を通すのにも時間がかかる。加えて自分自身でも週報や月報といった報告資料を作らなくてはいけないため、資料作成や資料確認で1日の大半を奪われることも。資料作成にそこまで時間をかけていたら、生産効率が悪すぎる。

攻略法

 フィードバックをしない報告は、
報告内容や報告形態の見直しを

部下から上がってきた議事録、目を通して終わりになっていないでしょうか。週報や月報を上長に提出して、有意義なコメントは返ってくるでしょうか。フィードバックをしていない／されていない報告書類は、それまでの慣習でなんとなく作り、なんとなく目を通しているだけかもしれません。報告義務を廃止したり、簡単な形での報告にしたり、一度やり方を見直してみましょう。

解説

　会議資料や報告資料の作成や閲覧に大きな時間を割かれてはいませんか。

　社内連絡用の資料を作らなければいけないというのに、目を通さなければならない資料が次々に回ってくる。もちろん、他の業務もこなさなければならない。これでは、いくら時間があっても足りません。

　右ページでご紹介するのは、我々のクライアント企業で中間管理職者としてお勤めの方に、日常業務をリスト化していただいたものです。その業務の多さもさることながら、「週報」「報告」「資料作成」などの報告や書類作成関連のタスクが多いことに驚かされます。

ある企業の中間管理職者の日常業務リスト

	作業内容			作業内容
日次・週次管理	各種数値進捗確認		巡回・打合せ	面談
	店舗連絡確認			店舗巡回1
	出荷確認			店舗巡回2
	週報提出			店舗巡回3
	ミス週報			ヘルプ（シフト応援）
	離職週報			会議・打合せ
	人事異動案作成			会議資料作成
	離職者理由調査			個別指導準備
	シフト作成			個別指導報告書作成
	シフト作成依頼→店舗		その他	トラブル対応
	シフト配信			備品購入依頼格納提出
	シフト更新			修繕依頼
	長時間労働是正報告書			決済伺書
	申請			改装申請書
月次管理・その他	前月予実対比表確認			メール確認・返信
	PL・効率表分析			移動
	前月交通費精算			休憩
	施設基準資料提出1			講習・研修
	施設基準資料提出2			従業員採用
	保健所登録報告			問い合わせ対応
	備品購入依頼格納提出			顧客確保のための営業
				新規施設の受け入れ準備

　報告資料は通常、「社内で共有したほうがいい」と判断された情報がまとめられています。しかし、資料の形にするまでもないような報告も、中には存在します。

　もちろん業種や業態にもよりますが、たとえば日次の商品売上げについて知りたければ、報告書という形にしなくても、まずはPOSレジのデータで見せてもらえば済むかもしれません。もし、そのデータが他の何かの判断に有効だとわかり、会議で報告する必要が出てきたら、その時初めて資料にまとめるよう頼めばいいのです。

　しかし、最初からきちんとした報告資料としてまとめるという慣習を根強く持っているため、作らなければならない資料、見なければならない資料が滞留してしまっている。そんな状況に陥っている企業も少なくありません。

　現場の様子を知りたい時、つい現場スタッフに、「報告書上げといて」「連絡入れておいて」と言いがちです。報連相が大切だということは、新入社員研修で教えられるくらい、基本中の基本です。

とはいえ、報告と連絡のために、わざわざすべてを資料の形にする必要はありません。口頭で報告したり、社内チャットツールで簡単な連絡をしたりするだけで事足りるものも多いはずです。

では、どのような報告に関しては、資料の作成をやめてもよいのでしょうか。

もし、処理しきれない資料が山積みになっていたら、その資料に「フィードバックがあるかどうか」を思い返してみてください。

自分がいつも作っている資料だけど、提出後、一度もフィードバックがなかったもの。定期的に出してもらっているけれど、さっと目を通すだけでフィードバックをしていないもの。**そのような報告については、果たして資料の形にする必要はあるのでしょうか。**

なんとなく作っていた会議資料や報告資料、週報や月報など。もちろん、そのデータを何かしらの判断に使ったり、資料を中心に話し合ったりするなら、その資料は有効に活用されていると言えるでしょう。
しかし、「とりあえず状況を把握するために作っている」なら、それは、大きな時間と労力のロスです。

プロジェクト管理や進捗報告のために、開発者やプロジェクトチームに頻繁な報告書の提出を求めてはいませんか。報告資料作りに時間をとられ、プロジェクトの推進や問題解決のための時間が確保できなくなっているかもしれません。

販売担当者に、頻繁な売上げ報告や顧客訪問レポートの提出ノルマが課されていませんか。報告が頻繁になると、実際の営業活動、販売活動に支障をきたす場合があります。報告資料作りに使う時間があれば、それを新しい取引先の開拓や既存顧客とのコミュニケーションに

回すべきです。

　このような資料作りを頻繁に実施させていると、それは、間接的に自分や、自分の部下を疲弊させることにつながります。
　限りある勤務時間を有効に使いたければ、当たり前のように作ってきた報告資料について、**フィードバックの有無と提出後の活用度合いを鑑みた上で、その必要性を今一度問い直すことが重要です。**

　フィードバックのないもの、活用度合いの低いものについては、口頭やメール、社内チャットでの簡潔な報告にするか、いっそのこと報告自体を廃止してもよいかもしれません。

チームプレー上の無理ゲー

　本章では、マネージャーである自分一人の努力では解決しようのない、チーム全体に関わるさまざまな無理ゲーについて扱います。

　チーム内で離職が相次ぐ。部下たちから意欲や士気が感じられない。指示出しをしても現場に伝達されていない。
　上司であるあなたが奮闘しているのに、チームはまるで空回り。

これらの問題は、メンバー一人ひとりのスペックや性格、精神状態によるもので、とても自分の手には負えない。

　そう思って諦めている方もいるかもしれません。

　「どうしてうちのチームには、こんな人材ばかり入ってくるんだろう」と、不運を嘆いてはいませんか。

　しかし実は、メンバーに起こるさまざまな問題は、決してメンバー当人だけに原因があるわけではないのです。

　また、チームで連携しなければ乗り越えられない案件が山ほどあるのに、次から次へとチーム内で問題が発生し、その火消しで手一杯。目の前の対応ばかりに追われ、本来手をつけるべき業務がなかなか進まない。そんな問題も、中間管理職が直面する典型的な悩みです。

　中間管理職は、自分の仕事をこなしながらも、チームビルディングをしなくてはいけません。まさに曲芸のようなプレーを日々し続けなくてはいけないこの状況では、まるで「無理ゲー」に挑むプレーヤーのような気持ちになるかもしれません。

　しかし、これら一つひとつの問題について、細部までくまなく観察してみることで、解決の糸口が見えてきます。

　本章では、さまざまな企業の実際の事例をもとに、チームプレーをする上で発生する、難題やトラブルの根本的な原因を探っていきます。負担がかかりすぎる構造的な課題や、伝え方と受け取り方の齟齬など、問題の本質にあるものは何かということを掘り下げながら、その実用的な解決手段について解説します。

「気持ちがたるんでいる」「意識が足りない」「モチベーションを高く」といった根性論や精神論に頼らない、再現性の高い組織の作り方をご紹介します。

言葉できちんと指示を出した
はずなのに、現場に指示内容が
全然伝わっていない

- - - - - - - - - - - - - - - -

コマンドを実行してもキャラクターたちが指示通りに動いてくれないのでは、ゲームも展開しない。そんな状況が毎日くり返される。業務フローの変更や新しいタスクについて指示を出しても、誰も実行していない。現場に聞けば「聞いてませんでした」と返ってくる。指示はなぜ伝わらないのか。

攻略法

▶「そもそも指示しても伝わらない」という前提に立つ

一度話しただけで、相手に正しく記憶してもらえると思うのは、話し手側のエゴであると考えましょう。そもそも人の記憶は不確かなもの。「話してもなかなか伝わらない」という前提に立った上で、記憶に定着しやすくする伝え方の工夫が必要です。

▶ 言葉だけに頼らず、視覚情報を使って伝える

言葉での伝達だけでは、相手に伝わる情報はごく一部です。本当に覚えないといけないことに関しては、画像や動画を見せながら説明するなど視覚に訴えることで状況を理解しやすくなり、また、記憶も定着しやすくなります。

解説

　　人と人とのコミュニケーションには、限界があります。話し手が思っているほど、相手には伝わっていないものです。昨日話したことでも、「あれ、なんでしたっけ?」ということは、よくあること。大事なことは何度でも伝える必要があります。

　　我々が普段、現場のオペレーション分析の依頼をいただくクライアントは大手チェーンストアが多いのですが、そうした運営形態の企業では、「来週からお客様へこの方法で新商品をおすすめするように」

というような全店通達がよくあります。しかし、その内容がすべての店舗に100％伝わり、スタッフの行動が変わるということは、まずありません。翌週、各店を見てみると店舗によってすすめ方が違うなど、ばらつきが生じているのです。

伝言ゲームを思い出してみてください。最初の話者が話した言葉が複雑であったり、間に入る人が増えたりすれば、自ずと最後まで正確に伝える難易度が上がります。そもそもこの伝言ゲームは、「言葉は正しく伝わらない」という前提があって、成立しているゲームです。社内での伝達も、こうした前提に立つことが大切です。

たとえば、社長が「○月×日までに全店で必ず○○するように」と部長に通達を出すとします。仮にこの伝言が70％の正確さで伝わるとして、この70％のうち100％が部長からその次の課長へ伝わればまだいいですが、人間の伝達能力は完璧ではありません。社長で70％であれば、部長もせいぜい同じレベルでしょう。すると社長の言葉が課長に届くときには70％のさらに70％、すなわち49％しか伝わらないことになります。この要領で7割程度で伝わっていくと考えると、課長が主任に伝える頃には34％、主任が現場のメンバーに伝える頃には24％。これでは、社の決定が現場で再現されるわけがありません。

このように、伝達をくり返すごとに正しく伝わる内容が減少し、社長が支店の巡回に来た時「通達したことが、全然守られていないじゃないか」となってしまいます。

そしてその時、矢面に立たされるのは、そうです、中間管理職の皆さんなのです。

現場に伝達すべきことを、「これ、現場に落としといて」と表現することがあります。ピラミッド型の組織において、上（経営者）から下（現場）に情報を下すというイメージなのでしょう。しかし、**情報というのは重力に従って木からリンゴが地面に落ちるように、自然と下りていくわけではありません。**何度も何度も「これでもか」という

ほど伝えて、ようやく浸透するかしないかというものです。

　では、どうすれば「伝わる情報伝達」ができるのでしょうか。

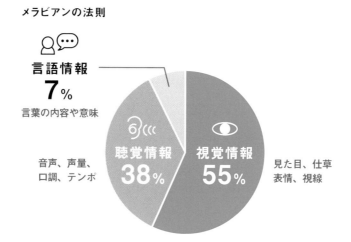

メラビアンの法則

言語情報 **7**%
言葉の内容や意味

聴覚情報 **38**%
音声、声量、口調、テンポ

視覚情報 **55**%
見た目、仕草表情、視線

　1971年に、アルバート・メラビアンという心理学者が提唱した法則があります。人間同士のコミュニケーションにおいて、「言語情報が7％、聴覚情報が38％、視覚情報が55％の割合で相手に影響を与える」という心理学上の法則で、「メラビアンの法則」と呼ばれています。つまり、情報伝達率以前の問題で、言語だけで物事を伝えることに、そもそもの無理があるということです。

　もう一つ、われわれのクライアントである、とある高級飲食店の事例を紹介します。そのお店では、外国人スタッフに向けて、お客様へお水を提供する際、どうすれば丁寧な印象を与えられるかということについて、熱心に指導をしていました。当初、「丁寧に置きましょう」という言葉だけで説明していたところ、数週間が経過しても状況は変わらず、動作が乱雑なままでした。丁寧さの基準や価値観は人によって異なりますし、どの程度の丁寧を求められるのかまでは、言

葉だけではなかなか表現できません。

このため、われわれが下掲のように動画で解説したところ、即座に全スタッフが理解し、動作が変わったのです。

サービス方法のトレーニング動画例

動画では丁寧な動作と乱雑な動作の比較をスローモーションで見せ、「小指を先にテーブルにつける」「グラスを置いてから一秒後に指を離す」などポイントをはっきり言語化して伝えています。

さらにこれを、「パターンAとパターンB、どちらの置き方のほうがより丁寧に感じますか?」とクイズ形式にしてスタッフたちに解答させるのも効果的でしょう。それによってスタッフたちは「AとBは何が違うんだろう」としっかり見比べ、より能動的にその動画から学び取ろうとするためです。

「○○してください」と口頭での指示だけでは、聞いた側も理解した気になるだけで、行動が変わらない、行動に移さないということが多々あります。時には**動画や画像などの視覚情報を活用したり、クイズなどの能動性を引き出す仕掛けで記憶定着を促す**ことが重要です。

評価シートやチェックリストを
導入しても人によって解釈が分かれ、
記述方法にばらつきが生じる

- - - - - - - - - - - - - - -

せっかく時間を投じてチームの評価シートや業務のチェックリストを作ったのに、うまく機能していない。活用されてはいるものの、人によって解釈のしかたに差があるのか書き方にばらつきが生じ、正しく機能せず、形骸化しつつある。

攻略法

▶ 主観を挟まず事実に基づいて作る

評価シートやチェックリストは、人によって解釈に差が出ることのないように作ることが重要です。事実をベースにした項目立てを心がけ、誰が読んでも同じ意味に読みとれる書き方をしましょう。

▶ 事実と解釈を即座に識別できるように鍛える

主観や解釈を挟まずに事実に基づいて評価シートやチェックリストを作るといっても、実は簡単なことではありません。多くの人が、これらを混同して話しているためです。ここでは、何が事実で何が解釈に類するかを判断できるようになるため、ケーススタディを用意しました。

解説

　コミュニケーションにおいて、定性曖昧な表現を避け、定量明確な表現を目指すということに加え、主観と事実（客観）の区別もマネジメントの仕事をする上では非常に重要になります。

　主観に基づく表現は定性曖昧、事実に基づく表現は定量明確と言い換えてもいいかもしれません。

話す際の言葉だけでなく、チェックシートや評価シートといった複数人で運用するような書類において、**主観的な表現が多いと、人によって受け取り方が変わるため、うまく機能せず、形骸化してしまう**事態に陥りがちです。

　たとえば、清掃チェックシートに「綺麗に磨く」とか「よく拭きあげる」とあったとき、どの状態が「綺麗」なのか「よく」なのかは、人によって判断が異なります。

　また、人事評価シートに「上司との意見のすり合わせが不足している。もっと積極的に報告すべき」と書いてあった場合、どのような場面で何のコミュニケーションが不足しているのか、積極的というのは何日に1回が妥当なのか、という点が具体的に示されていないため、改善することは難しいでしょう。

　さて、下の清掃チェックリストのチェック項目のうち、主観ではなく「事実」を示しているものはどれでしょうか?

事実と主観・解釈の切り分け

次のチェック項目で「事実」を描写しているのは?

[　]　清潔に保たれている

[　]　しっかり拭きあげている

[　]　綺麗に磨かれている

[　]　きちんと毎日実施している

　実は、4つすべてが「主観」に基づく表現です。

「清潔に保たれている」は、どのような状態であれば「清潔」と言ってよいのかが示されていません。「しっかり」「綺麗に」も同様です。

どのくらいで「しっかり」と言えるのか、どのような状態を「綺麗」と判断するのかは、人によって違います。

「きちんと毎日実施している」では、「毎日」は事実に該当しますが、「きちんと」が主観です。どこまですれば「きちんと」と言えるのかがわかりませんね。

　この4つのチェック項目は、自律的なベテランスタッフであれば、特に疑問を持たずに実行できるでしょう。しかし、主観の多い表現だと、あまり業務に慣れていないスタッフや怠惰なスタッフでは、その意図を汲み取りきれなかったり、曖昧な表現の余地に甘えて実行しなかったりとばらつきが生じます。それでは、せっかく作ったチェックリストも形だけのものになってしまいます。

　主観ではなく、事実や数字で伝えることが大切であるということです。しかしながら、自分が事実に基づいた言葉選びをできているのかどうか、自分では判断に困る方も多いと思います。

　そんな方のために、再び問題です。右ページの1〜10の項目は、事実を指すでしょうか？　それとも、主観に基づいた表現でしょうか？

　1〜10のうち、事実は「4」「6」「8」です。

　1は、「昨日は雨だった」なら事実ですが、「大雨」は主観です。どこからが大雨で、どこまでが小雨かは、人によって解釈が分かれますよね。同じく2の「忙しい」も主観です。この忙しさを「1時間に30人の来店があった」と表現していたら、事実になります。

　また、「確認」も主観的な表現と言えるでしょう。「発注金額の確認」と言っても、正しいか間違っているかの確認なのか、先月よりも大きいか小さいかの確認なのか、わかりません。同様の理由で「チェック」も主観です。「時間を計測した」であれば、事実であるということになります。

「おおよそ」「徹底」も主観的な表現です。人によって解釈の幅が違うためです。

「このくらい言わなくてもわかるだろう」「この表現で伝わるはず」は、仕事では通用しません。
　事実や数字に基づいた、定量的で明確な表現を使うことで、誤解の余地のないコミュニケーションをとることが大切です。

ケーススタディ

	問題	事実（定量）	主観・解釈（定性）
1	昨日は、大雨だった	☐	☐
2	昨日は、忙しかった	☐	☐
3	部下と行動計画を確認した	☐	☐
4	部下と行動計画を見て会話した	☐	☐
5	作成スピードをチェックする	☐	☐
6	予算達成度の％を口頭で伝える	☐	☐
7	発注金額の確認を行う	☐	☐
8	発注金額の異常有無を会話する	☐	☐
9	おおよそできた	☐	☐
10	徹底できなかった	☐	☐

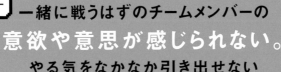

一緒に戦うはずのチームメンバーの 意欲や意思が感じられない。 やる気をなかなか引き出せない

- - - - - - - - - - - - - - -

チームメンバー全員で力を合わせて敵を討伐しなくてはいけないのに、一人ひとりのモチベーションが全然高まらず、統率が困難な状況。せっかく頭数が揃っていても、これでは力が発揮できない。部下たちの意欲を引き出し、プロジェクトを無事成功させるにはどうしたらいいのだろうか。

攻略法

▶「モチベーション」に頼らない仕組みと環境を作る

モチベーションが低いからといって、成果を出せないとは限りません。個々人のモチベーションや意欲、意識といった、数値化できない不確かなものだけに頼らず、環境や業務フローを整えることで、自然と成果が出せるような仕組みを作りましょう。

解説

　一般的に、やる気に満ちたモチベーションの高い人が、よしとされがちです。我々も仕事柄、「社員のモチベーションを高めるにはどうすればいいですか」といった旨の質問をよく受けます。しかし我々は、社員のモチベーションの高さを重視していません。

　というのも、モチベーションは、上がった後は必ず下がるものだからです。もしもモチベーションが上がりっぱなしの人がいたら、それは生命を維持する上で危険な状態です。

　モチベーションが高い時というのは、交感神経が活発になっています。「よし、やるぞ!」と気合の入った、いわゆる「戦闘モード」です。この状態が続くと、ストレスで心身が疲弊してしまいます。突発的な

トラブル対応や、大きなコンペに参加するといった短期イベント前であれば構いませんが、日常業務で求められるべき緊張状態ではありません。

　たとえば、どんどん電話をかけて積極的にアポイントを取っていくようなテレアポの仕事の場合、モチベーションを高めることは有効です。これは、行動がすぐ目に見える成果として返ってくるからです。電話をたくさんかけたら、多くのアポイントが取れる。その日のうちに数字として結果がわかります。モチベーションの高さが、成果に表れやすいのです。

　しかし、このように取り組みと成果の間のタイムラグが短く、成果が明確に出てくる仕事ばかりではありません。通常、今日の取り組みは2ヵ月後、3ヵ月後、業種によっては1年後、2年後に成果が実ります。よいサービスを提供しても、それに満足したお客様がリピートしてくれるまでには、タイムラグがある業種が多いものです。

業績に反映されるまでのタイムラグが長ければ、「頑張っても業績が上がらない」と、失敗体験として認識され、士気を削いでしまいかねません。

　長いスパンで考えると、モチベーションは無闇やたらに上げないほうがよいのです。日頃のプロセスをコツコツこなし、業績を着実に積み上げていくことが大切です。

　ある大学の授業で、学生の履修動機を調査したことがあります。学生たちがその授業を選択した理由には、「自分は将来、こういう仕事に就きたい。そのためにはこの技術が必要だから」といういわゆる意識（モチベーション）の高い動機もあれば、「単位が取りやすいと聞いたから」「午後の授業だったので」といったものもあります。

　学生の履修動機とテストの成績について分析したところ、履修動機

の意識の高さとテストの点数には必ずしも相関があるわけではないことがわかりました。意識が低い学生が、テストの点数も低いとは限らないのです。逆に、意識の高い学生でも、なぜかテストの平均点が低いという授業回も存在します。意欲の高い学生が集まる授業を作ることも大事ですが、学習意欲が低い学生でも自然と学びが身についてしまう授業をすることも、同じぐらい大事なことではないでしょうか。

　これと同じことが仕事にも言えます。

　たとえば、業務内容について説明する際、クイズを取り入れてみる。「Aの営業方法とBの営業方法では、実はお客様からの受注件数が30％も違います。どちらが受注の多い方法でしょうか?」と言われると、仮に仕事へのモチベーションが低かったとしても、正解したくなって、自然とあれこれ考えてしまうものです。

　ただ「Aの営業方法のほうがBより30％受注が増えます」という説明を聞くよりも、その仕事について思考を深める時間が必然的に長くなります。「じゃあCの方法はどうなんだろう」と、今度は自発的に新しい方法を考えつくかもしれないし、そうした試行錯誤が成果につながっていくものです。

　モチベーションが低くても成果が出やすい「仕組み作り」と同様に、本人のモチベーションに頼らない「環境作り」も重要です。

　お客様からのクレームが多発していたある飲食店で、改装によりスタッフの接客態度への評価が大きく好転したことがありました。

　改装前までは、クレームや催促が多いため、子ども用の椅子や食器などの備品をお客様が自由に取って使える場所に配置していました。スタッフたちはクレームを避けるべく、なるべく客席に呼ばれないように動いていたようです。ただ、彼らにアンケート調査を実施すると仕事のやりがいが低く、精神的に疲弊しているという結果が出ていました。

　この点に目をつけ、店内改装時、我々は備品類をスタッフしか取り

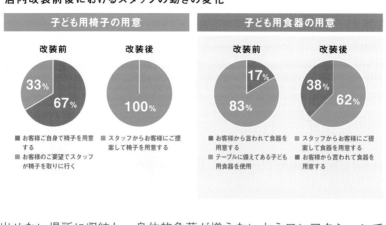

店内改装前後におけるスタッフの動きの変化

子ども用椅子の用意

改装前

33%
67%

改装後

100%

■ お客様ご自身で椅子を用意する
■ お客様のご要望でスタッフが椅子を取りに行く

■ スタッフからお客様にご提案して椅子を用意する

子ども用食器の用意

改装前

17%
83%

改装後

38%
62%

■ お客様から言われて食器を用意する
■ テーブルに備えてある子ども用食器を使用

■ スタッフからお客様にご提案して食器を用意する
■ お客様から言われて食器を用意する

出せない場所に収納し、身体的負荷が増えないようワンアクションで
すぐに取り出せるような仕掛けを作りました。あえてスタッフが自ら
お客様に子ども用の椅子や食器を手渡しするオペレーションに変更し
たのです。

　すると、それまではお客様から「子ども用の椅子ください」と催促
されていたスタッフが、自分から「お子様用の椅子をご用意しましょ
うか?」と声をかけるようになったのです。これは思いつきでもなん
でもなく、店内カメラで接客の様子を録画する中で、「どのシチュエー
ションでお客様はもっともスタッフに感謝を伝えるのか」を調査し
た結果から導き出した、変更内容でした。要は、スタッフがお客様か
ら高確率で「ありがとう」と言われるシチュエーションを作り出した
のです。

　ここでは、「自分が動けばお客様に喜ばれる」という環境にあえて
しただけで、店長から「主体的に接客をしましょう!」という訓話を
聞かされたわけではありません。**高い意識やモチベーションを喚起さ
れたのではなく、ただ、物の配置が変わっただけ**なのです。

　モチベーションや意識だけに頼らずに、自然と体が動くような仕組
みや環境を作ることも、成果を出す上では重要なのです。

全員で連携しないと
完遂できない案件なのに、
スタッフの足並みも意識も揃わない

- - - - - - - - - - - - - - - -

優秀なメンバーもいれば、そうでないメンバーもいる。チームワークを発揮させたいのに、スタッフの動きや意識にばらつきがあり、足並みがなかなか揃わない。ゲームでたとえるならば、協力プレーを求められるのに、パーティのメンバーのレベルも違い、個々が思い思いに行動している。

攻略法

▶ 指示代名詞を使わない

チーム内で指示を出したり、会話をする際に、「あれ」や「この」といった指示代名詞を極力使わないようにしましょう。聞き手によって解釈が分かれる言葉ではなく、誰が聞いても同じように理解できる伝え方をすることは、ばらつき抑止にもつながります。

▶ フォーメーションや作業工程に名前をつける

日頃の業務の中で頻発するフォーメーションや作業工程があれば、それに名前をつけましょう。名前をつけることで、認識にばらつきが生じず、また修錬を積みやすくなります。

解説

チーム全体で連携を図り、足並みや意識を揃えてプレーしなければいけないプロジェクト。スタッフ全員のレベルが同等であれば連携も図りやすいものの、現実はなかなかそうはいきません。

一言でチームワークと言っても、同じチームに属するスタッフの動きや作業速度、実行レベルには「ばらつき」が存在することが常です。

このばらつきを抱えながらチームとして機能させるために、まずマ

ネージャーがすべきことは、チーム内の会話で生じる**曖昧な表現や**
「これ」「そこ」「この間の」といった指示代名詞を減らすことです。

「さっきの場合は……」「あれを用意しといて」など。長期間ともに
働いてきた人にはわかるかもしれませんが、スキルや経験が乏しいス
タッフは誤った解釈をしてしまい、その結果スタッフによって理解度
に差が出ることで、アウトプットにばらつきが生じてしまいます。

　特に上司と部下の間に長い関係性がある組織ほど、会話の中に指示
代名詞が多くなる傾向が見られます。

　指示代名詞が多い時というのは、大体説明の手間や時間を省くとい
う意図があります。歴史的にも、戦において、相手に攻められている
緊急事態には、少ない言葉で戦略を伝えたり戦況を報告したりする必
要がありました。「了解」などの端的で余計な修飾を削ぎ落とした表
現は、もともと有事の際に用いる用語だったのです。

　忙しければ忙しいほど、少ない言葉で伝えようとします。そのこと
自体は、決して悪いことではありません。

「去年やったあれ」「前に部長が言ってたあの件」と言えば、付き合
いの長い部下には「わかりました、あれやっときますね」と通じます。
要はツーカーで通じる仲であるということでしょう。

　ともに戦ってきた月日が長ければ長いほど、曖昧な表現や指示代名
詞が増えていきます。

　緊急時にも「ごめん。ちょっと急いでるから、あれやっといてくん
ない?」「はい、わかりました」で通じ合える関係は、一見、とても強
い組織のように思われます。

　しかし、逆に、指示代名詞を使った伝達が常態化している組織は、
長い年数を経なければ連帯できない組織と言えます。新しいスタッフ、
新しい取り組みを採用しにくい組織というわけです。

　指示代名詞や曖昧な表現でも伝わることを当たり前だと感じてしま
うと、それが通じない人が出てきた時に、「どうしてわからないん

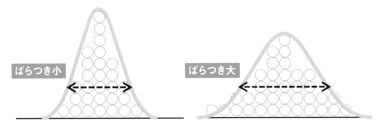

正規分布

ばらつき小

ばらつき大

だ?」と、相手に理解力がないのだという錯覚に陥ってしまいます。相手に理解力がないのではなく、自分の伝え方が適切ではないと知ることが大切です。

上の図は、「正規分布」と言って、平均値からのズレを数値化し、グラフにしたものです。いわば、ばらつきの大小を示すグラフです。

山の一番高い部分が平均値で、そこから離れるほど「ばらつき」が大きいということです。それゆえ、ばらつきが小さければ尖った山型となり、ばらつきが大きければなだらかな山型になります。

今回の話で考えるならば、上司からの指示を「正しく解釈」できている状態がこの山の頂上部分、左右の線が低い部分に行けば行くほど部下の解釈が偏っている状態と理解できます。

ばらつきが大きい＝人によって異なる解釈が生まれやすい組織は、一つの指示で、いくつもの異なるアウトプットが生じる恐れがあるわけです。

ばらつきはどうしても生じてしまうものですが、これをいかに小さくするかが、チームで業務を遂行する際、重要になります。ばらつきを小さくするためには、「あの時のあれ」に名前をつけることが有効です。わかりやすい事例が、スポーツなどのフォーメーションです。

たとえば、バスケットボールのゾーンディフェンス。バスケットボールをあまりやったことのない人でも、違う国の人同士でも、「バス

ケットボールのゾーンディフェンスといえばこういうもの」と、動き
方をイメージできるのではないでしょうか。つまり、共通の認識がで
きるわけです。

　このように、「あの時のあれ」の動き方にも名前をつけることで、
誰にでも誤解なくスピーディに情報を伝えることができるようになり
ますし、偶発的に成功した連携プレーの再現性も高められます。

　あらゆる企業の歴史を振り返ってみても、**トヨタの「カンバン方
式」、マクドナルドの「メイドフォーユーシステム」など、優れたオ
ペレーションには名前がつけられています。**一連の動きに名前をつけ
ることで、説明は短くなり、誤解も防げる。そして複数人で同じ動き
をトレーニングすることができるのです。
　名前をつけることで、「今日のあの動きがよかったから、今後も続
けよう」とぼんやり認識するのではなく、「今日はAの動きでいこ
う！」とチーム全員が同じものを認識できるようになるわけです。ス
ポーツで名前のついた各フォーメーションの練習をするように、自分
たちのオペレーションや作業工程についても遂一振り返り、「型」に
することで個々の理解も深まります。

　理解がしやすいのでトレーニングもしやすく、習熟スピードも上が
ります。名前をつけることで、その一連の動き自体が優れたオペレー
ションへと成長していくことにもなるのです。

今の幹部メンバーたちは皆、
身体的・精神的負荷を乗り越えてきた。
若い世代は耐える力が弱いのでは

- - - - - - - - - - - - - - - -

自分を含め、出世を果たした幹部メンバーたちは皆、あらゆる負荷やプレッシャー、ストレスに打ち勝ってここまできたわけだが、部下たちはこれだけ労働環境がよくなった今でも、つらいと嘆いたり、些細なことでも愚痴をこぼす。身体的負荷や精神的負荷に耐える力が弱くなっているのでは？

攻略法

▶ 業 務 フ ロ ー の 中 に あ る 負 荷 の 存 在 を 可 視 化 す る

ここまであらゆる苦難や負荷を乗り越えてきた人たちには、負荷に対する「耐性」があります。ただ、この耐性を前提にした職場環境を自分たち以外の人間にも強いていないか、問い直す必要があります。職場に存在する負荷を見える形で認識することで、改善すべきポイントが見えてきます。

解説

ある外食企業から、「若手店長のマネジメントスキルを向上させてほしい」というご相談を受けたことがあります。この企業は経営状況こそ良好でしたが、店舗ごとに店長のマネジメントスキルにばらつきがあるということに悩んでいました。

企業内でマネジメントスキル向上のための対策や、採用フローの見直しにも取り組んでいたものの、4年の月日を費やしても大きな改善はされないというのです。

そこで、いくつかの店舗で現場のオペレーション分析を実施しました。店長のマネジメントが行き届いた店舗もあるものの、確かにスタッフ一人ひとりが思い思いに動いていて、それを店長も静観している

というような、店長の統率力が低いと思われる店舗も散見されました。さらに両者の違いを詳しく見てみると、違いは新規採用したアルバイトスタッフの離職率にも表れていることがわかりました。

　離職の原因は一人ひとり異なります。もちろん、卒業や引っ越しのような個人的な事情で辞める人もいますが、それ以外の離職理由の大半を占める、「精神的な負荷」と「身体的な負荷」について考えてみました。
　我々の調査によると、アルバイトスタッフの早期離職は、**精神的な負荷と身体的な負荷のどちらか、場合によっては両方が大きくて、それが賃金に見合わないと感じることにより多発します。**

　この離職が多い店舗、すなわち店長の統率力の低い店舗では、スタッフにかかる身体的な負荷が、離職に影響していることがわかりました。スタッフの1日当たりの運動量を調べてみたところ、同業他店の水準よりも、はるかに大きかったのです。具体的な例を挙げると、スタッフ1人の1時間当たりの平均歩数が、同業他店の基準値の約2倍もあったのです。

　同業他店では、ランチやディナーなどのピークタイムに、スタッフの歩数が増えています。その間、約1時間。それ以外の時間帯には、ピークタイムの1/2程度まで平均歩数が下がります。しかし、離職率の高さに悩むこの店舗では、同業他店のピークタイムの歩数の水準が、他の時間帯もずっと続いているのです。
　これは、店舗の広さや来客の多さによるものではありません。道具の配置や接客フローなどのわずかな違いが1時間当たりの歩数に大きな差をもたらしていたのです。

　特筆すべきは、新人スタッフの離職が多いこの店舗は、立ち上げ当初からいた古株メンバーがほとんどで、そこに若手店長が赴任してき

た、というメンバー構成であることです。

　一般的に、店長は自身の右腕となるような人員を採用し、作業フローなどを適宜改善しながら、マネジメントしやすい環境を作っていくことでチームビルディングをしていきます。しかし、古株スタッフの多いこの現場では、多少負荷が大きかったとしても「自分たちもこれでやってきたし、こういうものでしょ」という意識が生まれていたのです。負荷は昔から大きかったけれども、それを耐え抜くことができたスタッフたちだけが残り、「この負荷はあって当たり前」といういわば生存者バイアスが存在していた。

　そこに耐性の備わっていない新人スタッフが来れば、なかなか定着

飲食業界における接客スタッフ1人の1時間当たりの歩数と離職率の関連性

しないのも頷けます。

　勤務中の歩数と離職率が必ずしも比例するわけではありません。

　しかし、「歩数などに代表される身体的負荷がある一定のレベルを超えると、離職率が急上昇する」という閾値が存在するということが我々の調査から明らかになっています。

　歩数以外にも、勤務中にしゃがむ動作や後ろを振り返る行為、予期せぬ進路変更を伴う動きが多いと、身体的な負荷が大きくなります。我々がこうした身体的負荷を可視化し、軽減するよう働きかけをしたことで、この企業の離職率の低減に貢献することができました。

　会社側は、離職の原因が身体的な負荷であったことに、我々に調査

を依頼するまで気づくことはありませんでした。これには、現場からの叩き上げで勝ち上がった人たちが経営層や中間管理職にいたことが影響しているかもしれません。重労働を乗り越えて出世してきた体力のある役職者たちは、部下たちが身体的な負荷を苦痛に感じていることに、なかなか考えが及びません。

　そもそも、離職につながるような身体的負荷の高い職場では、どんなにマネージャーのスキルを磨いても、耐えられる新人は数少ないものです。市場が上り調子の時代を勝ち上がってきた人たちは、本来新人に備わっていない忙しさやプレッシャーに耐える力を後天的に備えたのだという認識を念頭におき、今の労働環境やオペレーションがこの耐性を前提にしたものになっていないかを今一度問い直すことが重要です。

　あらゆる負荷に耐える力というのは、個人の性格や資質よりも、環境が培うものです。

　新人社員の定着が悪い、離職が多いという課題を抱える現場では、**こうした身体的・精神的負荷がないかどうか、今一度業務フローの見直しを図る**とよいでしょう。

> 無理ゲー

スタッフが
若手中心で熟練スタッフがいない
ため、プロジェクトの負荷が自分に集中

- - - - - - - - - - - - - - - -

熟練度の高いベテランスタッフが足りず、若手ばかりのチーム。決められた仕事は
こなせるけれど、イレギュラー対応に不安が残る。プロジェクトや現場運営を安心
して任せられない。目の前のプロジェクトを進めるのに一杯一杯の中、どのように
してトレーニングを積ませればよいのだろう。

> 攻略法

▶ 過去のイレギュラー対応を洗い出す

今の若手に、充分な経験を積ませるだけの時間はありません。過去にベテラン社員た
ちが乗り越えてきた数々のイレギュラーやトラブル案件の経緯や対応策を洗い出し、そ
こで得た教訓の中から共通項を抽出し、これを抽象化することで行動指針のベースと
しましょう。

▶ 実践だけに頼らない

ベテランと新人の差は、何よりも経験数に裏打ちされた、状況判断の巧拙にあり。人手
が足りない現場で、実践経験だけの習熟に頼ると、結果としていつまで経ってもベテラ
ンと新人の差が埋まらず現状は一向に改善しません。状況判断の元になる判断基準
を共有する時間を1週間のうち5分でも捻出しましょう。

> 解説

　　過去に、道路の舗装工事などを請け負うとある工事会社からの依
頼で、熟練の職人たちの技術を可視化し、これを他の職人たちへの教
育に活かそうと試みたプロジェクトがありました。

　　道路工事の職人が熟練するまでには何十年もかかります。

　そう聞くと、機械の操作技術の習得が難しいのだろうと思われがちです。もちろん、技術の習得にもある程度の年月がかかりますが、ある一定ラインまで到達すると、それ以降の習熟度合いはそこまで変わりません。**本当に大変なのは、操作技術云々よりも、現場での状況判断だった**のです。

　車の往来があるかどうかに応じた機械の動かし方、次の工程でどんな作業が発生するのかに応じた、機械やケーブルの取り扱いなど。刻一刻と変化する状況を見ながら、先々の作業工程も考慮した上で、その都度最適な判断を下さなければいけません。そもそも工事が始まる前から、現場監督との工事打合せ、段取りはどこまでできているか、など、状況判断の連続なのです。

　この工事会社では、先輩たちがその日の現場でどんなことが起きて、どんな状況判断をしたのか、そしてそこでどんな反省点があったのか、こまめに若手たちに口頭でフィードバックをしていたそうです。ただ、こういった現場というのは、オフィスワークと違って毎回環境が異なるもの。なかなかパターン化できるものではありません。そうなると

話すほうも聞くほうも、「あくまで個別具体的な一つのケース」という認識をしてしまいがちです。

　現場での基本的な動き方や機器の操作方法などはマニュアルを使って学ぶことができる一方、その時々の臨機応変な対応が迫られる「状況判断」については、必然的に実際の業務の中で学んでいくしかなく、何かイレギュラーなこと、トラブルが起こった際などに、その都度現場で対応方法を身につけて成長していくようになるのです。

　でも、長時間労働ができない現代では、先輩たちが経験した現場数よりも、はるかに少ない現場しか経験できない若手は、一向に習熟スピードは速くなりませんし、仮に大事な局面でトラブルが起きても乗り越え方がわからない、という事態に陥りかねません。

　そこで我々は、まず先輩たちが若手社員に各現場でどんなフィードバックをしていたか、その内容の洗い出しを実施しました。そこで出てきた一例が、以下のような言葉でした。

各現場における先輩からの振り返り例
・作業後に行なう清掃作業の邪魔にならないような順序で作業をすべきだった

・作業後に現場に乗り入れる作業車のスペースのことをあらかじめ想定し、多少手間であっても、早い段階で作業場所を移動すべきだった

・現場監督の指示内容をそのまま実行するだけでなく、こちら側から仕上げの方法などを提案するべきだった

　これらを聞くと、一つひとつは異なるシチュエーションであっても「後の工程のことをどこまで考えるか」という点に関する反省が込め

られている、という共通点が浮かび上がってきます。また「現場の総指揮を執るはずの現場監督は、必ずしも後に控えるすべての工程まで把握し、教えてくれるとは限らない」ということもわかります。

　これら共通点を抽出すると、「作業前の打合せ段階から、後に控える工程で考慮すべき内容の洗い出しが必要」という、他の現場でも使えそうな行動指針を導き出すことができます。

　ただその場その場の個別具体的な振り返りや反省を漫然と共有したり、伝えているだけではその場を実際に経験した人間以外にとっては右から左に言葉がすり抜けていくだけです。
　でも、「Aという事象、Bという事象、Cという事象があり、これらはすべて、Dという共通の行動をすれば防げたと思います」という抽象化した行動指針につなげれば、この反省はグッと汎用性を増します。

　単なる企業理念や経営方針といった上から降りてくる言葉を口すっぱく伝えるよりも、個別具体的な現場単位の反省の中から共通点を抽出し、これを抽象化して伝えてあげたほうが、若手たちの状況判断スキルは格段に上がります。
　彼らが経験できる現場の数が少なくなりつつある今、このように
・**個別具体的な現場のフィードバックの共通点を探す**
・**共通点に基づいて行動指針を捻出する**
・**若手に伝える**
　という流れを、まずは1週間のうち1度、5分間程度でも、機会を設けてトライしてみましょう。

　こうした取り組みによって、これまで長時間をかけて身につけてきた状況判断能力や熟練の技術を得るまでの時間をショートカットしてあげましょう。

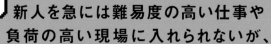

新人を急には難易度の高い仕事や
負荷の高い現場に入れられないが、

これじゃ戦力になるまで何年かかるやら

- - - - - - - - - - - - - - - -

自分の仕事が遅くてチームや顧客に迷惑がかかることを恐れた新人スタッフが、
レベルを問わず、誰でも問題なくこなせる仕事ばかりに逃げてしまう。難易度の高
い現場を避けてばかりいては、成長機会も失われてしまうのではないか。

攻 略 法

▶ ペ ア 体 制 を 組 ん で 負 荷 と 責 任 を 分 散 さ せ る

新人スタッフの多少の失敗をケアできる程度の経験があるスタッフとペアを組ませる
などして、プレッシャーを分散させてあげましょう。新人スタッフは自分のミスやスピー
ドの遅さが顧客やチームに迷惑をかけている、と気に病んでしまいます。経験の長いス
タッフとペア体制を組むなどして、協力して一連の作業を滞りなく完遂できれば、新人の
「迷惑をかけている」というストレスも軽減します。

解 説

　あるサラダ専門店でオペレーション分析を依頼された時の話です。
そこではお客様の注文を受けたスタッフが具材を次々に器にピックア
ップし、完成したら会計へ向かう、というオペレーションを採用して
いました。そこで、「スタッフによって作業の速度にはばらつきが大き
く、遅いスタッフにあたったお客様からクレームが入ってしまう」と
ご相談があったのです。

　そのお店では、サイズアップやトッピング、セットメニューなど、
注文のバリエーションが豊富。しかも、サラダを自分好みにカスタマ
イズすることを楽しみにしているお客様が多く、一つひとつ異なるオ

ーダーばかりが入ります。複雑な注文をさばかなければいけないため、どうしてもベテランスタッフと経験の浅いスタッフとの間で、スピードに差が出てしまいます。

そこで、我々は2週間限定で、さまざまなフォーメーションを実験的に採用することにしました。

①それまでそのお店で採用していたやり方で、1人のスタッフが1つのオーダーについて、受注、サラダ作成、会計、受け渡しと、すべての工程を請け負う**専業制**。
②二人体制で、受注〜サラダ作成までを請け負う人と、会計〜受け渡しまでを請け負う人とに分担する、**完全分業制**。
③二人体制なのは変わらず、受注〜サラダ作成を担当する人、会計〜受け渡しを担当する人をその時々の状況に応じて入れ替えながら対応していく**ペア制**。この時、新人とベテランスタッフでペアを組んでもらうようにしました。

あるサラダ専門店におけるサラダの受注〜受け渡しまでのオペレーション

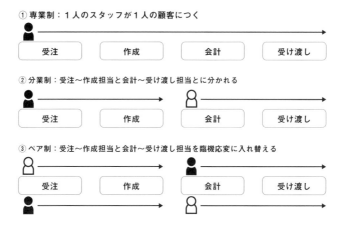

実験の結果、③のペア制を導入したことによって、初心者の作業の遅れの影響を受けにくくなり、結果としてオペレーションのばらつき

が解消されるようになりました。

　ところが、2人で1つのオーダーに対応すること自体、作業難易度が高いということで、2週間の実験期間終了後、ほとんどの店舗は元のオペレーションに戻ってしまったのです。

分業制とペア制における提供までの時間の比較

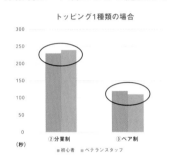

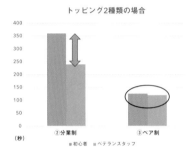

分業制・ペア制ともに、トッピングが1種類の場合は初心者とベテランスタッフの間の時間差は小さい

トッピングが2種類に増えても、ペア制の場合は初心者とベテランスタッフの間の時間差は小さいが、分業制のままだと両者の開きが大きい

　しかし、この実験が終わって2年が経過した後も、難易度の高い③のペア制のオペレーションを続けてくれた店舗が1店だけありました。その店舗では、2年前と比較してスタッフ数は減ったものの、売上げ額、来店数、客単価が増加しています。つまり、生産性が高くなっていたのです。

　客単価が上がったということは、トッピングやセットメニューの売上げが増えたということになります。工数が増えて作業が複雑になるため、作り手としては大変なはずです。それを、以前より少ない人数のスタッフでこなしているのです。オペレーションが複雑になった上、お客様のオーダーも難しくなった。それなのになぜ、少ない人数で回していけるのか。疑問に思った我々は、その店舗にインタビューを実施しました。

すると店長さんから、意外な答えが返ってきたのです。

「**スタッフのメンタルがとても安定してきました**」。

　忙しいのに、負担も大きいはずなのに、メンタルが安定するとは、どういうことでしょう。

　話を聞くと、自分1人で1人のお客様に専業でついていた時や、自分の持ち場が決まっていた時などは、新人スタッフは少しでも自分の作業に遅れが出ると、「お客様の視線が痛い」と感じていたようなのです。さらにオーダーが複雑だと時間がかかって、ベテランスタッフとのスピードの差もどんどん開いてしまう。プレッシャーを感じるとミスも出やすく、作り直しで余計にお待たせしてしまう。お客様からのクレームが入らなかったとしても、「きっと怒らせてしまっている」と感じて、それが大きなストレスになっていたというのです。

　それが、ベテランスタッフと組むことで商品提供までの時間が均一化され、お客様もイライラせずに、笑顔で商品を受け取ってくれるようになったそうです。

　実はこの店舗では、2年前まで、プレッシャーに耐えられない新人スタッフが気に病み、自ら注文を受けに行こうとしないという課題も抱えていました。それがフォーメーションを変えることでお客様もスタッフもストレスが減り、スタッフの能動性も増しているのです。

　新人スタッフにとって、自分のミスや遅れで顧客や同僚に迷惑をかけてしまうことは、心をすり減らす出来事です。それでも、現場に立って経験を積まないといつまで経っても成長はできません。そうしたジレンマを一気に解決するためには、**他のベテランスタッフとペアを組ませる、新人のミスがボトルネックになりにくいようなオペレーションを組む**などして、「責任とプレッシャーの分散」をしながら経験を積ませることが、有効だということです。

無理ゲー

リソース不足のチームに新人を
入れても入れてもすぐに抜け、
一向にプロジェクトを先に進められない

- - - - - - - - - - - - - - -

クエストに向かわなくてはいけないのに、パーティに仲間を加えては脱落し、また新たに加えては脱落し……のくり返し。こんなことでコストや時間を食い潰している場合ではないのに。入った新人を着実に戦力化していくにはどうすればよいのだろうか。

攻略法

▶ 早期離職に影響を与える
5段階の心理ステップを理解する

入ったばかりのスタッフが辿る心理のステップがあります。そのステップを登るにつれて、職場での居心地がよくなり、仕事に対して意欲的になっていきます。このステップを意識した指導、教育をすることで、スタッフが定着しやすくなります。

▶ なるべく短い日数で4段階目まで登らせる

早期離職を防ぎたいなら、なるべく早く心理ステップの4段階目、小さな成功体験を積ませる段階まで登らせるようにしましょう。離職したスタッフの状況を振り返り、現場の環境や教育の方法を見直すことが大切です。

解説

スタッフがすぐに辞めてしまう。これは、多くの企業が抱える悩みです。スタッフが辞めると、そのスタッフが抱えていた仕事をフォローする必要が出てきます。誰がフォローするのか。他のスタッフの手が空いていればいいですが、余裕がなければ、管理職であるあなたが、当面の間はカバーせざるを得なくなるかもしれません。

また、新しいスタッフを採用するために募集をかけたり、面接したり。無事に採用できたとしても、最初のうちはトレーニングが必要に

なります。人が辞めるということは、それだけの手間と時間をとられてしまう出来事なのです。

　もちろん、スタッフが辞めることは、必ずしも悪いことではありません。新たな道にチャレンジするスタッフを笑顔で送り出すこともまた、上司としての役割です。しかし、そのような前向きな離職ではなく、今の職場でストレスを抱えたことが原因で逃げるようにスタッフが次々と辞めていく。そんな職場も少なくありません。このような残念な離職を防ぐには、どうすればよいのでしょうか。

　下図の三角形を見てください。これは、「マズローの欲求5段階説」と呼ばれるもので、人間の欲求が階層的に整理されるとする心理学の理論です。生理的欲求、安全の欲求、所属と愛の欲求、承認欲求、自己実現欲求の順に、基本的な欲求が満たされると、より高次の欲求が生まれるとされます。つまり、食事や睡眠の欲求が満たされると安全や安定を求め、それも満たされるとコミュニティに所属したくなり……と、だんだん高次の欲求が湧いてくるということです。

　これに似た心理ステップが、スタッフの離職に大きく影響していま

マズローの欲求5段階説

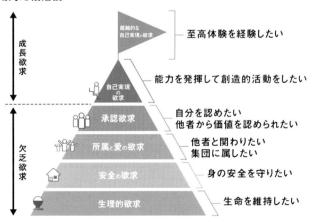

す。それをまとめたのが、次の図です。

新人スタッフの定着までの心理ステップモデル

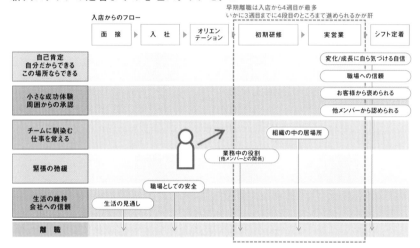

① 生活の維持、会社への信頼

　上記心理ステップの下段にある「生活の維持、会社への信頼」とは、危険や今後の見通しといった土台となる部分です。

　「ちゃんと給料支払われるのかな……」「書類の扱いがルーズだけど大丈夫かな……」「採用面接で言っていたことと全然違うんだけど……」などの不安があると、この一番下のステップが満たされていないことになり、離職につながってしまいます。

② 緊張の弛緩（身の安全）

　次のステップは、「緊張の弛緩（身の安全）」です。つまり、リラックスして業務に集中できる状態のことを指します。

　自分用のユニフォームや必要な備品がきちんと用意されているか、名前を覚えてもらえているかなど、受け入れ態勢を整えることで、このステップを越えやすくすることが可能です。

③ チームに馴染む、仕事を覚える

　余計な緊張をしなくなってきたら、次は「チームに馴染む、仕事を覚える」ステップです。仕事のスキルがなかなか上がらないと、「チームに迷惑をかけている」という引け目を感じ、他のメンバーとの関係がギクシャクし始めます。それを避けるためにも、短期間で戦力化することが大切です。それが結果的に離職防止につながります。

④ 小さな成功体験、周囲からの承認

　チームに馴染んで仕事を覚えてきたら、小さな成功体験を積み重ねることが大切になります。また、業務を通して仲間から認められ、お客様やクライアントから褒めてもらう機会が増えることで、より仕事へのコミットメントが高まります。

⑤ 自己肯定（自分だからできる、この場所ならできる）

　一番上のステップは「自己肯定」です。自分で自分を承認し、「ここで働けば成長できる」「仲間もお客様（クライアント）も喜んでくれる」と思えるようになる。この状態のスタッフが多くなるほど、業務はスムーズに回り、成績も向上。スタッフが意欲的に働き、長く定着するようになります。

　この5段階のステップを、一段一段登らせることが大切です。

　スタッフがすぐ辞めてしまうなら、**なぜスタッフが辞めているのか、どのステップで辞めているのかを観察**してみましょう。職場に馴染むことができなかったのか、それとも、馴染みはしたものの小さな成功体験や周囲からの承認を得ることができなかったのか。それによって、教育や指導、声のかけ方が自ずと変わってきます。

　早期離職を防ぐためには、入社からできるだけ短い日数で4段目（小さな成功体験、周囲からの承認）まで登らせましょう。このステップを誰もが確実に登れる環境を整えておくことが大切です。

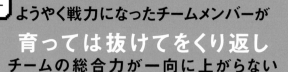

無理ゲー ようやく戦力になったチームメンバーが

育っては抜けてをくり返し
チームの総合力が一向に上がらない

- - - - - - - - - - - - - - - -

Lv.60まで連れ添ったメンバーが急に抜け、新たにLv.1の部下を入れて育てあげるというサイクルを、何回くり返せばいいのだろうか。スタッフを育て、やっと戦力化できたと思ったら、職場を去っていく。これでは時間のほとんどを新人教育に費やすことになってしまう。

攻略法

▶「誰かがやってくれる」から「自分がやらねば」へ。
「自分だからこそ」を体感できる仕掛けを作る

仕事を覚えても、「やりがい」を感じるところまで行けていないのかもしれません。お客様やクライアントから感謝されるなど、小さな成功体験を積むことで、チームメンバーは少しずつ自分の仕事に自信をつけ、やりがいを感じていくものです。この成功体験は、狙って作ることができます。時には成功体験を生むような、ある種非効率とも言える環境をあえて用意することで、メンバーが自分の存在意義を肯定できる機会を作ることが重要です。

解説

　　職場の環境を物理的に変えることで、スタッフの離職を大幅に減らした飲食店の事例を紹介したいと思います。この店舗では、店内の改装を行ないました。といっても、写真映えする内装にしたわけではなく、レイアウトを変更したのです。

　　これによって、それまで毎月1〜3名の離職者が発生していたところから、改装から12ヵ月以上も離職ゼロが続くという結果になったのです。
　　ちなみに、レイアウト変更後、販促効果もあり、来店客数も1.3倍

ある飲食店の客席改装前後の変化

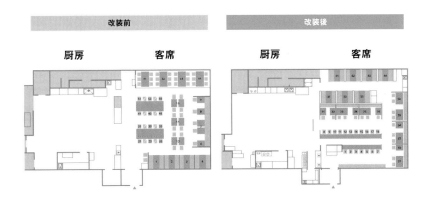

に伸びています。しかし、スタッフは増員していません。お客様が増えれば、当然作業負荷も1.3倍になります。忙しく、一人当たりの負担も増えたはずなのに、スタッフの離職は減ったのです。

なぜ、このようなことが起こったのでしょうか。

この店舗では、改装に際し、スタッフの作業場所や立ち位置を変更しました。当初厨房内にあった、食器を一時的に置く場所や、調味料を補充するための場所を客席エリアに移動させたのです。これにより、自ずとスタッフは厨房ではなく客席エリアに滞留する時間が長くなり、お客様と接する時間も長くなります。

加えて、客席エリアを一望しやすく、また縦横無尽にテーブルの間を行き来しやすいレイアウトだったところから、あえて壁などを設置して全体の視認性を悪くし、スタッフが縦横無尽に動きにくいレイアウトに変更したのです。

全体を見通しやすいレイアウトだと、「自分が動かなくても近くにいるあのスタッフがやってくれる」という甘えが生じてしまいます。自ら動く機会は減り、それに伴ってお客様から感謝される機会も減ります。加えて、「誰かがやってくれる」とスタッフみんなが思っていたとすれば、それは「誰もやってくれなかった」というお客様からの

ある飲食店の客席改装前後におけるスタッフの作業割合

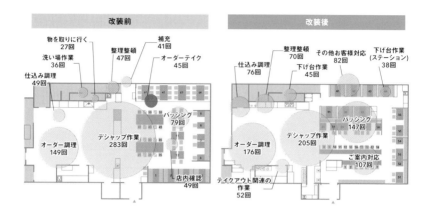

不満を生む原因にもなってしまう。

　そこで、「自分が見ているこのエリアは他のスタッフからは死角。自分が行かないとお客様は困ってしまう」とスタッフに思わせるレイアウトにしたのです。

　自分が動かないと回らない、という状況は負担が増えているようにも見えます。こうした状況がなぜ12ヵ月以上連続離職ゼロを生んでいるのか、考えてみましょう。

「組織風土」という言葉を聞いたことがある人は多いと思います。

　組織風土とは、言語化や体系化はされていないけれど、なんとなく感じられる職場の雰囲気を指します。この組織風土、実は、離職率に大きな影響を及ぼします。

　この店舗では、改装前と改装後に組織風土の診断調査を実施しました。次ページの図は、スタッフへの匿名アンケートの回答を分析したものです。

　改装前後で、「仕事の自信」については、マイナスだったものがプラスに動きました。

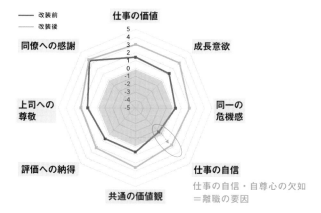

改装前後における組織風土診断結果の変化

仕事の価値・自信・自尊心の欠如
＝離職の要因

　この「仕事の自信」は、「今の仕事は自分だからこそできている」と、日々どの程度思うことができているかを問うた設問で、ここがマイナスということは、仕事に対する自信を喪失し「自分はいなくてもいい、いないほうがいい」とすら感じている状態を表しています。改装前も、「同僚への感謝」は高ポイント。同僚に感謝しているからこそ、自分が迷惑をかけていると感じたら、いたたまれない。これが離職につながっていたと考えられます。

　また、「今のままではなく、もっと良くしていきたい」と、組織内における改善の意欲を表す「同一の危機感」も改装後に高くなりました。これは組織内で何かを改善しようとする前向きなエネルギーが湧いている状態を表しています。

　さらに、「成長意欲」「仕事の価値」「共通の価値観」「評価への納得」も上がっています。つまり、**チーム全体の組織風土がポジティブに変化し、離職の減少につながっている**のです。

　職場の改装といった大規模な環境の変革はそう簡単に起こせるものではありませんが、改装以外でも、ちょっとした変化でスタッフが自ら動かざるを得ないような状況を物理的に、環境的に作り上げることはできるはず。**教育やコミュニケーションだけに頼らず、設備や環境を変えることでも、部下の成功体験は作れる**という一例です。

無理ゲー

予算達成月が継続しない。
一喝しても、褒めてみても
パフォーマンスが安定しない

- - - - - - - - - - - - - - - -

自分や、能力の高い特定のスタッフにチーム全体が依存し、業績にムラが生じている。会議でも発破をかけているのに。パーティ全員で敵を倒さなくてはいけないゲームなのに、むしろ勇者一人でゲームを続けたほうがいいのではないか、という状況が続いている。

攻略法

▶ 会議や日常業務での自分の声かけを分析。
組織風土をよくする5つの要素を取り入れる

リーダーの発言には、その組織風土をよい方向にも、悪い方向にも引っ張る力があります。どんな言葉をかけるべきかを考えて発言することが、その組織風土をよくし、部下一人ひとりの意欲を上げ、チームとしての力を発揮しやすくすることにつながります。重要なのは、現状と目標のギャップを伝える「危機感」を煽る言葉、大事にしたい「共通の価値観」を伝える言葉、スタッフへの信頼や、感謝を伝える言葉、そして高い理想を伝える言葉の5要素です。

解説

　全員が高い士気を持ち、高いパフォーマンスを発揮し、共通の目標に向かって走っていける理想的な組織を作るには、好ましい組織風土を築く必要があります。好ましい組織風土を築くためには、「同一の危機感」「共通の価値観」「自信と信頼」「感謝の気持ち」「高い欲求水準」の5つが不可欠であると我々は定義しています。

　「同一の危機感」は、「今のままじゃダメだ」という変革や改善に向かうエネルギー。

　「共通の価値観」は進むべき方向を決める要素です。

　しかし、「同一の危機感」と「共通の価値観」だけが高いと、「この

ままじゃダメだ。変わらなきゃ」というプレッシャーが大きくなり、次第に疲弊していきます。

　そこで重要になるのが、「自信と信頼」です。「私ならできる」「このチームならできる」という気持ちは、上司のポジティブなフィードバックと、お客様やクライアントからの感謝の言葉などによって育まれます。

　しかしながら、この「自信と信頼」が強くなりすぎると、過剰なプライドが出てくることがあります。そこでそうなることを防いでくれるのが「感謝の気持ち」です。お客様やクライアント、職場の同僚や上司への感謝を持つことで、謙虚な気持ちで仕事に取り組めるようになります。

　そして最後、レベルアップの鍵となるのが、「高い欲求水準」。上のレベルに行きたい気持ち、成長する意欲が必要になります。

　好ましい組織風土を築くこれら5つの要素。実は、我々の分析で、会議中などに上司がチームに向けて発する言葉にこの5つの要素が満遍なく散りばめられていると、そのチームは離職率が低く、メンバーが安定的に成長を遂げるようになるということがわかっています。

好ましい組織風土を構成する各要素

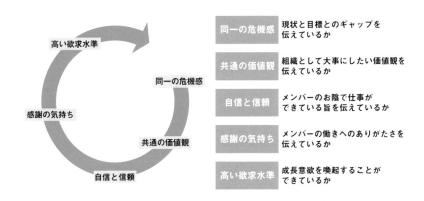

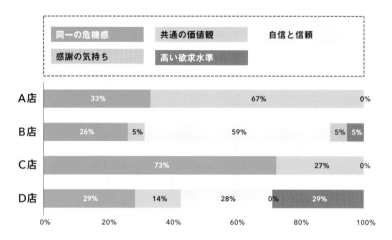

会議中の管理職の発言内容を組織風土を構成する各要素に分類

凡例：
- 同一の危機感
- 共通の価値観
- 自信と信頼
- 感謝の気持ち
- 高い欲求水準

店舗	同一の危機感	共通の価値観	自信と信頼	感謝の気持ち	高い欲求水準
A店	33%	67%	0%		
B店	26%	5%	59%	5%	5%
C店	73%	27%	0%		
D店	29%	14%	28%	0%	29%

上の図は、ある小売チェーンの4店における会議の発言録をもとにしたグラフです。管理職の発言を一言一句すべてテキスト化し、発言の中に「同一の危機感」「共通の価値観」「自信と信頼」「感謝の気持ち」「高い欲求水準」がどれだけ含まれているかを調査しました。

A、B、C、Dの4つの店舗のうち、安定して業績がよいのは、B店です。5つの要素すべてに言及されており、中でも「自信と信頼」が抜群に多い。このB店は、全国300店舗中、常に上位3位以内に入っているような優秀なチームです。

そして、B店に次いで業績が安定しているのが、D店です。

一方、業績は飛び抜けて高いのに、トラブルが多く離職率も高いのがC店です。C店は、「自信と信頼」につながる発言が0％。一方で、「同一の危機感」が多くなっています。これは、「今月の数字見たけど、どうして未達なのか?」といった、問題や課題に対する発言です。非常に大事な部分ではありますが、褒められることがなく、危機感ばかり煽られたのでは、スタッフは疲弊してしまいます。短期的な業績は上がるものの、スタッフが早期に離脱し、なかなか定着しません。

もちろん状況によっては、厳しい言葉をかけることが必要な時もあ

りまず。しかし、詰めるだけでなく、5つの要素のサイクルを回していくことが大切です。

　A店は、良くも悪くも普通の成績です。A店では、「共通の価値観」「同一の危機感」に関するメッセージを多く伝えています。確かにそれも大切なのですが、「お客様を第一に考えないとダメだよね」と理想だけを共有していても、成長にはなかなかつながらないのです。

　どの店舗も基本的に、店長がトップセールスではあるのですが、**5つの要素について満遍なく発信している店舗は、店長と他のスタッフの売上げの差がほとんどありません。チームとしてのパフォーマンスが高いのです。**

　5つの要素を考慮して、会議の内容を組んでいくことが大切です。思いつきで「これが大事。あれも大事」と言うのではなく、危機感を煽る発言をしたら、価値観や自信・信頼につながる内容も織り込んでいく。バランスを考えて発言しましょう。

　たとえば、「こんなんじゃダメだ」ではなく、「まだ目標に届いてはいないけど、去年の今頃と比べたら、ここまでできているよね」といった具合です。これは、目標に届いていないという問題のフィードバック、つまり「危機感」と、去年に比べたら進歩しているという「自信・信頼」の両方について伝えています。このように、5つの要素の中からプレッシャーを与えるものとポジティブな気持ちになれるもの両方について、偏らないように盛り込むことが大切です。

　組織風土の観点から、チームに伝えるべき内容を考え、どの要素をどの程度話すのか、事前に練っておきましょう。5つの要素を盛り込んでサイクルを循環させることで、よい組織風土が築かれていきます。そしてよい組織風土は、強いチームを形成します。

パーティメンバーが
くり出す
無理ゲー

　ロールプレイングゲームなど、ゲームにおけるパーティメンバーというのは、一つのミッションやゴールに向けて一緒に奮闘する大事な仲間です。仕事においても、同じように目標や予算を共有し、ともに戦う部下や後輩といったパーティメンバーがいます。

　でも……。口に出すことこそしないものの、「これ前にも言ったよね……？」「もっと早く相談してよ……」「そこでやめちゃうの!?」

と部下たちの一見異次元な振る舞いに心が折れてしまっている中間管理職の方もいることでしょう。

　しかし、「これだから○○世代は……」と嘆いたところで、事態が好転するわけでもありません。

　では、上司に相談したらどうなるでしょうか。
　部下と意思の疎通を図るために、「みんなで飲みに行ってる？」「もっと一人ひとりと会話したら？」と自身の成功体験を元にした、見当はずれな助言を聞かされるかもしれません。
　彼らの時代と違って毎月働ける時間にも限りがあるため、長い時間をともにすることで関係性を築くことも難しい。ましてや部下の力不足やミスを、自分や周りのハードワークで穴埋めする、かつては使えた力技に頼ることも、今はできるはずもありません。

　お酒や時間が仲を取り持つことがなくなった今の時代、部下に理想的な働き方をしてもらうために重要なのは、「仕組み」です。

　現代のビジネス環境では、信頼や共感、連帯感による結束を育むまでに、従来の方法ではあまりに長い月日がかかります。チームに連帯感を生むのに必要な時間を重ねる間に、どんどんメンバーが離脱してしまうのが今の無理ゲーです。

　その前に、メンバーが自然と望ましい振る舞いをするようになるための仕組みを作る必要があります。解釈に幅を持たせないように明確に伝えるための仕組み、意識やモチベーションに頼らずに成果を出せる仕組み、聞いたことを記憶に定着させる仕組みなど、数々の検証実験に基づいた、部下たちに好ましい働きをしてもらうための仕組みを、本章ではご紹介します。

自ら考え行動する
部下がいないため、リーダーである自分が
指示出しと確認に追われる日々

チームのこと、売上げのことを考えて、行動に移しているのはいつも自分だけ。どんな敵が現れても、メンバーはただ見ているだけ。指示を出せばその通りに動いてはくれるものの、自走できる部下がいない。自分がいなくても機能するチームにするにはどうすればいいのか。

攻略法

▶ 部下が自分で考えざるを得ない機会を作る

部署のトップではなく、二番手、あるいはそれ以下のポジションの人間だけで思考し意思決定する会議を開催することで、いやでも自分の意見を持たざるを得ない状況を作りましょう。定期的に開催することで、次第に自分で考えること、持論を持つこと、行動することが当たり前になっていきます。「主体的に動きなさい」といくら言ったところで、優秀な上司がいるなら、その指示に従っていたほうが安全です。そうではなく、自動的に動かざるを得ないよう仕向けることで、自然と主体性が身についていきます。

解説

ある取り組みによって、部下の発言を6倍に増やし、売上げを130％に伸ばすことに成功した小売チェーンがあります。この企業は、複数の店舗で優秀な店長一人で売上げを支え、部下がなかなか育たない、という課題を持っていました。

変えたのは、会議の参加者とやり方です。どう変えたのかというと、近隣4店舗の二番手の人材、つまり副店長だけを集めて定期的に会議を実施したのです。主な議題となったのは、プライベートブランド（PB）商品の販売戦略です。

各メーカーが全国展開するナショナルブランドは、テレビCMなど

の販促に力を入れている分、広く認知され、価格も高くなります。逆に、小売店や卸売業者が展開するPB商品は、あまり販促費をかけない代わりに、コストパフォーマンスが高いことが多いです。

　ただ、販売店側としては、PB商品は、知名度がない分その魅力を充分に説明しないとなかなか売れない、腕が問われる商材です。このPB商品をいかにして売り伸ばすか。ここをテーマに、「二番手会議」を月に1回、開催したのです。

　結果としては、この会議によって、前年同月比の売上げが全店平均98％のところ、この4店だけが130％の売上げとなったのです。なぜこんなに伸びたのでしょうか。

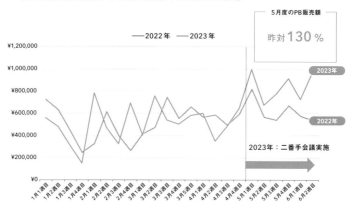

　従来は、その店のトップである店長が一人で考え、スタッフに「こういう施策をしよう」と伝えていました。そして、その施策が奏功しているかどうかを店長が整理し、全体会議で他の店長やスーパーバイザーに報告する、という構造でした。

　ところが、二番手同士で会議をするようになると、これまで店長任せだった副店長が、「自分で」会議で話すことを考えなければなりません。その内容は、新しい販促の施策であったり、その反省や効果であったり。

その結果、会議では「この取り組みをしてみようと思うんだけど、どう思う?」「この接客トークでこんな反応が得られました」「あと○日で締め日だから、○×をやってみようと思ってます」といった発言が多く見られました。

二番手会議実施前後の二番手のスタッフの変化

これまで

二番手会議実施後

→数字を見る回数、行動を振り返る回数、自分で考える回数、人に伝える回数が増える

こうして、それまで出席していた会議と比べ、**発言する機会が約6倍に増えました。そして、さまざまな施策にトライ&エラーをくり返していくうちに、売上げ増につながった**のです。

この二番手会議での発言をすべて記録してまとめたのが、次ページの図です。会話のボリュームが大きい話題は、円が大きくなっています。1回目の会議では、発話のほとんどが、司会による進行でした。しかし、2回目の会議では、参加者の発話がグンと増えました。会議で1ヵ月の振り返りを話さなければいけないことがわかっているので、それまでの間に取り組んだことをまとめたり、課題の洗い出しをしたり、次の打ち手を考えたりと、準備するわけです。

大きな変化が起こったのは、3回目の会議でした。

「自分の店舗はこうだけど、○○店はどうですか?」といった別の店舗への質問が、1回目はゼロ、2回目は5.7%だったのに、3回目には、

12.7％にまで増えたの
です。

　自店の取り組みに関する報告だけでなく、自店でうまくいかなかったことについて、能動的に他店に聞いてみる。他店との関わりが増え、副店長同士で会話のキャッチボールが始まりました。
　こうしたやりとりを重ねたことで、会議における発言機会が6倍に増え、130％の売上げ増につながったのです。

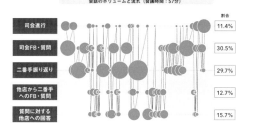

二番手会議1回目の会話の内訳

会話のボリュームと流れ（会議時間：1時間16分）

円の大きさ＝会話量

	割合
司会進行	74.9％
司会FB・質問	14.2％
二番手振り返り	10.9％
他店から二番手へのFB・質問	0.0％
質問に対する他店への回答	0.0％

二番手会議の目的共有や
目標のすり合わせがメイン

二番手会議3回目の会話の内訳

会話のボリュームと流れ（会議時間：57分）

	割合
司会進行	11.4％
司会FB・質問	30.5％
二番手振り返り	29.7％
他店から二番手へのFB・質問	12.7％
質問に対する他店への回答	15.7％

　この二番手同士の会議では、「彼ら自身で数字を見て、行動を振り返り、他のスタッフにその結果を伝え、そして他店の二番手たちと次なる施策を話し合う」という**自律的に動かなければ機能しない機会を創出**したわけです。
　発言の機会が6倍に増え、売上げが130％に伸びた。これは、リーダーである店長が奔走して作った結果ではなく、会議の制度を作ったことで、部下が自走して出した結果です。これと同様のことは、二番手以降のスタッフにも応用できるはずです。
　今回、PB商品の売上げ増加というミッションを課しましたが、ポジションに応じたミッションを課した会議を設けることで、自走する部下、自走する組織は作れるのではないでしょうか。

部下からの「ちょっといいですか」
に阻まれて、作業への集中力が
細切れに削がれてしまう

- - - - - - - - - - - - - - - -

自分の作業に集中したいのに、電話がかかってきたり、質問や相談で話しかけられて中断せざるを得なくなったり。まとまった時間を確保して、集中して作業に取り組むことができず、なかなか仕事が捗らない。

攻略法

▶ 自分の時間を防衛する:「集中タイム」を公言する

自分で作業に充てる時間を確保するだけでなく、「今から30分間、集中タイムに入ります」と部署のみんなに公言することで、話しかけたり電話をつないだりしないように協力してもらうことも一つの手です。

▶ 物理的に外部を遮断する:「集中スペース」を設ける

フリーアドレスのオフィスなどによく見られますが、壁や衝立に囲まれた一人用のデスクがあると、物理的に話しかけにくくなるため有用です。もしそれがない場合は、「このスペースにいる人の邪魔は絶対にしてはいけない」という「集中スペース」を定めましょう。

解説

　自分の仕事に集中している最中、「ちょっとお時間いいですか?」と部下から話しかけられる。これは、管理職なら必ず経験することです。ただ困るのは、その「ちょっと」が5分なのか、10分なのか、30分なのか、わからないこと。そして、その「ちょっと」の時間によるロスは、大抵ちょっとでは済まないことです。

　しかしこれは、部下からしてみたら、目の前のことがうまくいかなかったり、次のアクションをするために確認をしなくてはいけなかっ

たり、さまざまな事情があって話しかけているだけであって、悪いことでも何でもありません。むしろ、聞かないままでいたら、問題が雪だるま式に大きくなってしまう危険性もあるため、聞くこと自体はとても大事なアクションです。

　ただ、話しかけられる側にとっては、作業を一度中断し、応答をしていると、一旦記憶がリセットされてしまうというデメリットもあります。
　132ページでも触れますが、人間の短期記憶では、15秒経つと90％の記憶が失われると言われています。
「ちょっといいですか?」と話しかけられて、仮に2分程度話したとします。その後、自分の仕事に戻ろうとしたら「あれ、何を調べようとしてたんだっけ?」と忘れてしまう。こんなご経験がある方も多いのではないでしょうか。

　一度記憶が失われると、思い出すまでに時間がかかります。そしてそれが、ミスやエラーにつながってしまうのです。

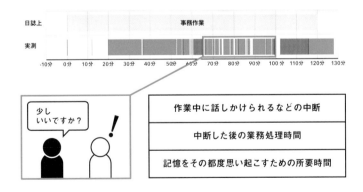

ある企業における管理職者の事務作業の予実差異

上の図は、ある大企業の課長職の仕事中の様子を録画し、作業時間を計測したものです。日誌を見ると、本人は2時間デスクワークをし

ているつもりなのですが、実際には中断がとても多く、もっとも頻繁な時で20分間に実に11回もの中断が発生していました。これらの細かい中断は、部下から話しかけられたことによるものです。

　中断によって記憶が途切れ、再び集中するまでに時間がかかってしまう。やっとまた集中できたと思ったら、今度は別の部下が相談にやってくる。このくり返しで、本来なら30分で終わるはずの業務に、2倍、3倍の時間がかかってしまうこともあるのです。

　これを防ぐには、「ちょっといいですか」から時間を防衛する必要があります。

　ただ、この時もっとも避けたい対応が、怪訝な顔をすることです。眉をひそめながら「何?」と聞き返していると、部下から話しかけられることは減っていきます。すると、重大なミスでも報告してもらえなくなり、取り返しのつかない事態が起こってしまうかもしれません。

　そこで、我々が提案したのが、「今から30分間は集中して考えたい」という**自分の集中したいタイミングを周囲に公言**することです。

　自分の作業に集中したい時は、「集中タイム」を設けて、「今から30分はごめんなさい。話しかけないでください」と伝えるのです。

ある建設会社のオフィスレイアウト

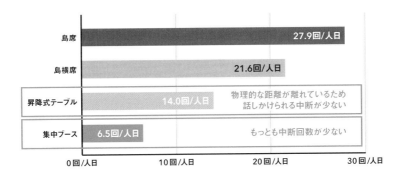

席ごとの1人当たりの事務作業中断回数

島席	27.9回/人日
島横席	21.6回/人日
昇降式テーブル	14.0回/人日　物理的な距離が離れているため話しかけられる中断が少ない
集中ブース	6.5回/人日　もっとも中断回数が少ない

0回/人日　　10回/人日　　20回/人日　　30回/人日

※「コピー」「書類を渡す」などの作業に必要と思われる中断を除く

　もう一つの策が、「集中スペース」を設けること。ある建設会社では、1日の事務作業時間が、1人当たり平均3.5時間でした。オフィスを見渡してみると、一般的な「島席」の他、昇降式のテーブルやハイテーブルなど、さまざまなタイプの席があります。そのうち、島席で作業していた人が、電話を受けたり、部下から話しかけられたりで、作業の中断を余儀なくされた平均回数は27.9回。これではなかなか作業が終わりません。

　そこで、パーテーションで区切った個人向けの集中ブースを設置しました。**ここに入っている時は、誰も話しかけないし電話も取り次がない。そういうスペースを作ったのです。**効果はテキメンで、中断回数は1日6.5回まで減少しました。これを前述の「集中タイム」の公言と併せて利用すれば、ゼロに近づけることもできるはずです。

　とはいえ、ずっとブースにこもっていたのでは社内のコミュニケーションが滞るので、集中ブースを作る場合には、1日1時間など、時間を決めて利用することがポイントです。

　「時間」と「空間」を他者から限定的に防衛することで、中断回数を減らし、業務の効率化を図りましょう。

無理ゲー

報連相を求めても、
部下から積極的に **話しかけてこない。**
結局毎回自分から尋ねる羽目に

- - - - - - - - - - - - - - -

もう少し積極的にコミュニケーションをとって、情報共有してほしいのに、部下から話しかけてくることがほとんどない。部下のステータスやプロジェクトの進捗情報が共有されず、自分から尋ねると危機的状況があらわになることも。

攻略法

▶目 線 の 高 さ を 物 理 的 に 変 え る こ と で
コ ミ ュ ニ ケ ー シ ョ ン の し や す さ を コ ン ト ロ ー ル

自分の目線の高さによって、相手の、コミュニケーションに対する心理的ハードルの高低が変化します。それを逆手にとり、自分の座る場所や姿勢を変えることで、部下からのコミュニケーション頻度をコントロールしてみるのはいかがでしょうか。

解説

　部下やチームメンバーから、あまりに頻繁に話しかけられると、自分の仕事に支障が出てしまう。かといって、まったくコミュニケーションがなければ、それはそれで困るものです。部下からのコミュニケーションがなければ、仕事ぶりを評価することも、問題を把握することもできませんし、戦略を立てる上でも、業務の無駄やミスを防ぐ上でも、報連相は必要不可欠です。

　進行上、ミスや誤解が生じていないか、適切な方法で業務を進められているのか、上司のほうから頻繁に尋ねてしまうと、まるで部下を信用していないように見えてしまうでしょう。
　もちろん、尋ねれば話してくれるのでしょうが、**いつでも部下自らコミュニケーションをとれる状況が、組織としては健全な**はずです。

では、どのようにすれば、部下から自然と話しかけてくれるように
なるのでしょうか。

　実は、上司がどんな席で仕事をしているかによって、会話の発生頻
度が変わる、ということが我々の実験から明らかになっています。

　近年、フリーアドレス制を導入しているオフィスが増えました。フ
リーアドレスのオフィスでは、テーブル席、デスク席、ソファ席、ハ
イテーブル席など、さまざまな形の席が用意されていることが多々あ
ります。
　フリーアドレスを採用している企業の狙いの一つには、上司・部下
間、あるいは部署を横断する形で、コミュニケーションをより円滑に
とりやすくし、アイデアや情報の交換を活発化したい、というものが
あるようです。実際に我々も、固定席制からフリーアドレス制へオフ
ィスレイアウトの変更をした際に、どのように社員同士のコミュニケ
ーションが変化するかをある企業で調査したことがあります。
　そして、この調査では意外なことが判明しました。
　それは、フリーアドレスにしたからといって、一概にコミュニケー
ション量が増えるとは言い切れないということです。

　対象となるオフィスにカメラを設置して、録画した映像から発話内
容や回数、会話時の距離や人数、会話の発生した場所や状況といった
データを取得。このデータをフリーアドレスにする前後で比較すると
いう方法で、分析を実施しました。
　分析の結果、必ずしも、フリーアドレス制にしたことでコミュニケ
ーション量が増えるとは言えない、ということが明らかになりました。

　同時にわかったのが、「上司の目線の高さ」と「部下からのコミュ
ニケーション発生数」に相関があること。
　どういうことかと言うと、上司がローソファに座っている時には、

部下から話しかけられる回数が減り、上司が立っていたり、ハイスツールに座ったりしている時には、部下からのコミュニケーションが増えたのです。

　人には、それ以上他人に近づかれると不快に感じてしまう範囲、「パーソナルスペース」があります。計測実験により、このパーソナルスペースが、目線の高さによって変化することがわかりました。
　通常、仕事や地域などの社会的な関係にある相手とのパーソナルスペースは、1.2〜1.3mだと言われています。
　しかし、上司がハイスツールに腰かけている状態だと、部下は90cmという距離まで近づいて、話しかけてきたのです。
　さらに、上司がスタンディングデスクで仕事をしていた時には、部下はすぐ隣にやってきて、45cmという至近距離で上司に業務の相談を始めました。
　この計測実験は、複数の企業で実施したのですが、どこも同じような結果となっています。また、飲食店やホテルのロビーなどで空いている席に腰かける際、隣席からどの程度距離を空けるかを椅子の高さごとに計測した実験でも、同様の結果が得られています。

これらのことから、パーソナルスペースの範囲は、目線の高さによって、広がったり狭まったりするということがおわかりいただけるかと思います。

　これを利用して、作業に集中するために**話しかけてほしくない時は低い席で仕事をして、部下とコミュニケーションを積極的に取りたい時には立ちながら仕事をする**など、目線の高さを変えることで、コミュニケーションの量や頻度をコントロールできるようになります。

　円滑なコミュニケーションは、円滑な業務遂行を促すだけでなく、問題の早期発見や、チームのモチベーション維持、職場の雰囲気作りにも重要な役割を果たしています。

　目線の高さとコミュニケーションの関係を知っておくことで、「話しかけないで」「話しかけて」と言葉や態度で表さなくても、ごく自然にコミュニケーションのしやすさを調節できるようになります。これは、あらゆるオフィスで応用しやすいテクニックです。

一見職場に馴染み、うまく立ち回っていそうなスタッフが、「自信がない」と悩んでしまう

職場に馴染んでいると思っていたスタッフが「自分がチームにいることで迷惑をかける」「自分がいないほうが現場にとってはいいのでは」と思い悩んでいるという。そんなことはなく、むしろいてくれないと回らないのに。部下に適切な自信をつけさせるにはどうすればいいのか。

攻略法

▶ 顧客や同僚に喜んでもらえたと認識できる機会を創出する

スタッフが積極的に顧客やチームに対して働きかけをし、これを喜んでもらえれば、自ずとそのスタッフの自信につながります。86ページの事例でも解説した通り、スタッフが誰かに感謝されたり、喜んでもらったりするという、成功体験を得る機会は組織のほうで無理やり作ることもできるはずです。

▶ 些細な気遣いやサポートなどのファインプレーを可視化する

スポーツ番組のように、スタッフのファインプレーが紹介されるような職場は稀です。一人ひとりの気遣いやサポートなど、日々埋もれがちなスタッフのファインプレーを積極的に可視化し、動画や言葉などでチームに共有しましょう。ファインプレーをした本人だけでなく、職場全体のやる気を活性化させることにつながります。

解説

86ページの事例でも触れたように、アルバイトスタッフがすぐに辞めてしまうという課題を抱えたある飲食店で、内装の大幅リニューアルを実施しました。前述の通り、この飲食店では、それまで毎月1〜3名の離職者が発生していたにもかかわらず、改装から12ヵ月以上離職ゼロが続くという結果になったのです。

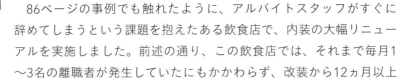

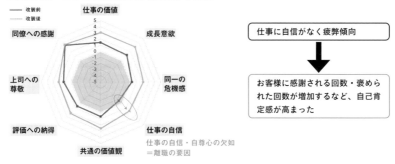

改装前後における組織風土診断結果の変化

仕事に自信がなく疲弊傾向

↓

お客様に感謝される回数・褒められた回数が増加するなど、自己肯定感が高まった

　これに加えて、スタッフのリファラル採用が8名も決まったのです。リファラル採用とは、社員やアルバイトスタッフの紹介による採用のことです。つまり、実際に働いているスタッフが、「うちの会社、働きやすいからおいでよ」と知り合いを紹介してくれるようになったわけです。

　もともとリファラル採用制度はあったものの、オープンから7年間、まったく活用されていなかったのに、改装を経てスタッフたちの認識が変化したということです。

　この背景にあるのが、組織風土の改善です。

　このプロジェクトの際に、我々は改装前後のスタッフの変化を見るために、組織内の価値観や成長意欲、危機感や満足度を測る「組織風土診断」を実施していました。

　上掲のグラフを見ると、改装前に比べ、改装後はほとんどの項目で改善に転じていることがわかります。もっとも変わった部分が「仕事の自信」。

　これは前に述べた通り、改装によって客席の見通しがやや悪くなり、スタッフ一人ひとりに「自分が動かなくては」という意志が生まれたことで、お客様に呼ばれる前に自ら各席に向かうことが増えるなど積極的に動けるようになり、自ずとお客様から感謝される機会が増えて

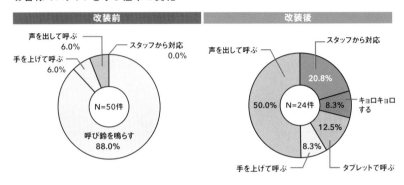

ある飲食店の客席改装前後における
お客様のスタッフを呼ぶ仕草の変化

改装前

声を出して呼ぶ 6.0%
スタッフから対応 0.0%
手を上げて呼ぶ 6.0%
N=50件
呼び鈴を鳴らす 88.0%

改装後

声を出して呼ぶ 50.0%
スタッフから対応 20.8%
キョロキョロする 8.3%
タブレットで呼ぶ 12.5%
手を上げて呼ぶ 8.3%
N=24件

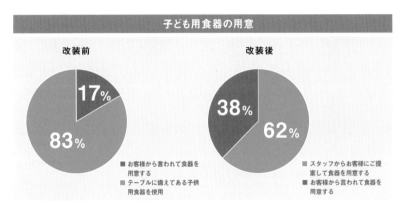

子ども用食器の用意

改装前

17%
83%

■ お客様から言われて食器を用意する
■ テーブルに備えてある子供用食器を使用

改装後

38%
62%

■ スタッフからお客様にご提案して食器を用意する
■ お客様から言われて食器を用意する

これが自信につながった、という流れでした。

　これに加えて、ベビーチェアや子ども用カトラリーといったお子様用品の置き場所を変更していたことにも起因しています。それまではお客様が誰でも手に取れる場所に置いてあり、「ご自由にお使いください」というスタイルでした。これを、客席のボックスシートの下にしまい込み、スタッフしか出せないように変更したのです。

　以前は、お客様が「子ども用の椅子はありますか?」と催促するか、ご自身で取りにいくことばかりで、スタッフからベビーチェアを用意

する割合は0％でした。ところが置き場所の変更後は、「よろしければお使いください」とスタッフが自主的にお渡しする割合が、100％になりました。

スタッフとしては、少し手間が増えることになりますが、**あえて不便にすることで、お客様に喜んでもらえる機会を創出**したのです。

もちろん、こうした変化はスタッフにおもてなし教育を施したから生じたわけではありません。ボックスシートの下にベビーチェアを収納したから、ただそれだけです。ちょっとした手間をかける工夫で、お客様に喜んでもらう機会が増えたわけです。

ただ、これだけでは一見、スタッフの負担が増えただけのようにも見えます。しかし実は、こうしたスタッフからの積極的な働きかけや、お客様へのサポートの様子を動画にして「ファインプレー」と称してスタッフルームで流し続けたのです。

我々はプロジェクトにあたり店内をくまなく録画し、動作を分析していますから、これらのファインプレーもすぐに見つかります。こうしたスタッフのファインプレーを動画にまとめ、スタッフルームで流し続ける。ファインプレーをした本人は、それがシェアされることで自信がつきますし、「いいことをすれば見てくれているんだ」とわかると、他のスタッフの行動も変わります。こうして、スタッフの仕事への自信が大きく高まっていったわけです。

現場スタッフの自信を高めるためにしたことは、設備の変更とファインプレー動画の再生だけです。教育の機会を増やすなどといった人的アプローチはしていないのです。自信を持てない人に、いくら「自信を持って」と言っても意味はありません。それよりも、**自信をつけざるを得ない機会を創出し、それをキャッチアップしてファインプレーだと賞賛する**ことが重要なのです。

経験年数が長いスタッフなのに、
凡ミスが絶えず
いつまで経っても目が離せない

- - - - - - - - - - - - - - -

時間がない時、忙しい時に限って、ミスが頻発する。新人ならまだしも、キャリアの長いスタッフでもミスをしてしまうため、いつまで経っても目が離せない。本人たちも強く意識しているが、注意すればするほどさらにミスが増えてしまうことも。どうしたらいいのだろう。

攻略法

▶ 忙しい時ほど、感情的な叱責は厳禁

我々の研究から、「もっと速く！」「ちゃんと意識して！」というような、感情的で具体性に欠ける叱責は、部下の心拍数の乱れを引き起こし、ミスを誘発することがわかっています。忙しい時は、ただでさえプレッシャーが大きいもの。そのタイミングで上司が行なうべきは、叱責ではなく「明確な指示出し」です。

解説

　あるファストフードチェーンで、商品の入れ忘れや入れ間違いが多発している店舗がありました。そこで我々は、スタッフのミスやエラーが起こる原因を探るため、さまざまな調査と分析を行ないました。

　店舗にカメラを設置し、オーダーの内容とスタッフが提供した商品をすべて録画し、さらには、スタッフの脳波や心拍数といったバイタルデータを計測しながら、実際の営業に当たってもらい、ミスやエラーが起こる際の条件を解明していきました。

　その結果、オーダー数が増えた時にミスやエラーが発生するなど、複数の条件を特定することができました。

ここまでは予想がつきます。

　しかしながら、同時に、スタッフの**心拍数が平常時から30%を超えて上下してしまっている時に、ミスを連発する**ということがわかったのです。つまり、強い緊張や焦りなど、過度のストレスがかかっているときに、ミスが起こりやすくなるのです。

　これは、ベテランスタッフでも新人スタッフでも変わらず、さらにはミスの内容も、ポテトのSとMを間違えるといったような、初歩的なものだったのです。

　次ページでご紹介する図は、スタッフの心拍数と、ミスやエラーが発生するタイミングとの相関を示したものです。

　「適度な緊張状態」は、いつも通りに業務を遂行できている状態で、この時、心拍数は高くても120bpm程度です。しかしその後、心拍数は130bpmまで一気に上昇し、極度の緊張状態が続きます。そして、ミスが連発しているのです。

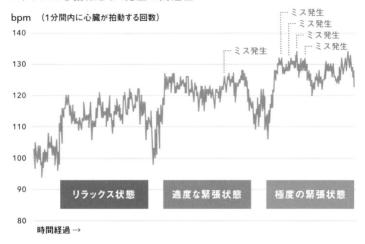

スタッフの心拍数とミス発生の関連性

bpm （1分間内に心臓が拍動する回数）

ミス発生
ミス発生
ミス発生
ミス発生
ミス発生

リラックス状態　適度な緊張状態　極度の緊張状態

時間経過 →

　このタイミングで、一体何が起こっていたのでしょうか。

　録画映像を確認すると、心拍数が急上昇する直前に、マネージャーが大きな声で叱責しています。

「何やってんだ、速く!」

　この言葉を聞いたスタッフが取り乱し、ミスを連発してしまったのでしょう。

　マネージャーの言い方は、適切ではありません。主観的で、感情をぶつけるかのような叱責でした。

　このように言われたら、「どうしよう」と焦るばかりです。

　必要以上のプレッシャーがかかれば、気は動転し、心拍数は上がり、ミスやエラーが頻発するのは当然のことです。

　マネージャーが叱責したのは、忙しくなってきたから生産性を上げようと思ってのことです。しかし、結果として逆効果になってしまったのです。

「部下がつまらないミスばかりする」と思っていても、その原因は、もしかしたら自分自身の指示の仕方、叱責にあるかもしれません。

　もし、身に覚えがなければ、チーフなどあなたの部下が、さらにその部下を叱ったり、圧力をかけたりしているかもしれません。

　現場が慌ただしくなってきた時、上司がとるべき行動は、怒ったり叱ったりすることではなく、適切な指示を出すことです。

　慌てていると、つい手短に「急いで」「速く」と言ってしまうかもしれません。しかしこれは、主観的で曖昧な表現です。

　そうではなく、「これ、20秒でお願いできる?」「1個3秒のペースで用意して」と定量的かつ現実的な目安を伝えることで、過剰なプレッシャーを与えることなく、取るべき行動を具体的に相手にイメージしてもらいやすくなります。

　過度の緊張によるミスの発生は、スキルや熟練度、経験値の問題ではありません。**人体の構造として、心拍数が上がれば平常時の判断力を失ってしまう。**それだけのことです。やる気やマインドの問題ではないことを理解し、自分は冷静に定量明確な指示を出せているか、緊急時や忙しい時に自身がどのように振る舞っているかを今一度省みてみるとよいでしょう。

教育機会も多く、意識も高いのに
目の前に販売・営業チャンスがあっても
気がつかずに機会損失が多発

アイテムを取り逃しているのに、プレーヤーがそのことに気づかずプレーを続けているようなもどかしい状況が、現実でも頻発している。スタッフが入店したお客様に気づかない、買う気になっていたはずのお客様が帰ってしまう。そんな機会損失が多発しているように見えるが、たまたま自分がその場に居合わせただけなのか。

攻略法

▶ 物理的に有効視野を広げることで、
気づきやすい環境を整える

設備の高さや角度に気を配り、適切に配置するだけで、有効視野が広がり、自然とお客様の行動が目に入るようになります。「気づきなさい」「目配りが大事」といった精神論や教育でなんとかしようとするのではなく、物理的なアプローチを検討しましょう。

解説

　スタッフの目配り、気配りが行き届かなくて、機会損失が起こっているという課題を抱えていたとある雑貨チェーン店で、現場のオペレーションを分析したことがありました。

　この雑貨店はどの店舗でも、「お客様が商品を手に取り、スタッフに何かを尋ねようとしているのに、スタッフがお客様の様子に気づかない」という事態が頻発していました。

　もちろん、店内にスタッフは常駐していて、サボっているわけではありません。PCでの在庫管理やラッピングなどを行なっていて、店内の観察まで行き届いていなかったのです。
　お客様が入店してからスタッフが声をかけるまでの平均時間は、適

正値内ではあるものの、数人に1人、なかなか気づいてもらえずに、購入を諦めて店を出てしまうお客様もいて、機会損失が発生していました。

　店長やマネージャーが「しっかりお客様に気を配りなさい」と指導してはいるものの、一向に改善が見られないということです。

「気配り」「目配り」は、商売をする上で確かに重要なことです。しかしこれを伝えても、定性的で曖昧な指示になります。一人ひとりの能力にあまりに依存しすぎてしまいます。このような**意識教育が無駄であるとは言いませんが、解釈にばらつきが生まれるため指導の効果に個人差が出てしまいます。**

　そこで、我々がしたのが、「お客様に気を配る」教育ではなく、「お客様が自然と視界に入る」環境を作ることです。
　どういうことかと言うと、スタッフのPCの作業台にキャスターを付けたのです。これによって、作業台の高さは7.5cm高くなり、可動式になりました。

有効視野と作業台の高さや向きの関連性

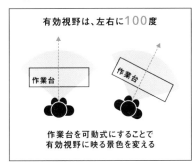

有効視野は、左右に**100度**

作業台

作業台

作業台を可動式にすることで
有効視野に映る景色を変える

有効視野は、上下に**70度**

高い位置でPC作業をすることで
有効視野を高くする

そもそも、この雑貨店での機会損失は、スタッフがPC画面に集中した結果、視線が下がり、視野の外にいるお客様の存在に気づきにくくなっていたことに起因しています。

　作業台の高さが上がることによって、有効視野の位置も高くなり、目線が店内全域に向きやすくなった。自然とお客様の存在に気づきやすくしたのです。

　人間の平均的な有効視野は、上下に70度、左右に100度と言われています。キャスターを付けて作業台の高さを高くすることで、PC作業中の有効視野を高くし、さらに作業台を移動式にすることで、店内を見渡せる角度でのPC作業を可能にしました。

　その結果、お客様のご来店に気づくまでにかかっていた時間が、これまで平均12秒だったところから1/3に短縮。わずか4秒で気づけるようになったのと同時に、入店から10秒以上気づかれないお客様が62％から4％にまで減少しました。

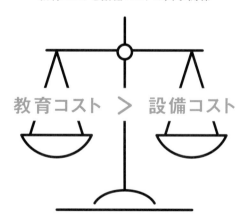

教育コストと設備コストの大小関係

教育コスト ＞ 設備コスト

これは別に、教育の効果が表れたとか、スタッフの意識が高まったとかいうことではありません。高くなったのは視線です。スタッフ全員、一人残らずPC作業中の視線が高くなり、お客様に気づきやすくなったのです。そしてこの効果は、スタッフが入れ替わっても変わることがありません。

　指導する時間と労力、そしてその指導が浸透するまでの時間と労力は不要です。即日、全員に効果を発揮するのです。
　そう考えると、設備投資にかかるコストは、決して高くないことがわかります。物理的な設備を変えるだけで、再現性の高い業務の改善を図ることが可能になるのですから、費用対効果の高い対策であると言えるでしょう。

　このような、設備を整えることで属人的なミスやばらつきを減らすという考え方は、製造業の現場で多用されてきました。スタッフのスキルや経験、能力に頼ることなく、誰でも均一な製品を同じ時間で生産することが求められるためです。

　一口に機会損失と言っても、さまざまなケースがありますが、必ずしも教育によってモチベーションや意識を高めることで解決できることばかりではないということです。むしろ、**教育よりもこうした設備投資がコスト的にも、効果的にもよいことがある。**
　教育によってなかなか改善が見られない場合は、機会損失が起きないようにする何かしらの物理的な仕掛けや環境作りができないか、検討してみるのも一つの手でしょう。

部下の作業のスピード、クオリティが
成熟するまでの期間が長く
人員を余計に抱えなければいけない

- - - - - - - - - - - - - - -

スキルや能力を必要としない機械的な作業であっても、部下たちの成果物のクオリティや、完成スピードに大きなばらつきが生じてしまう。ベテランスタッフがOJTを実施しても、習得するまでに時間を要するスタッフが多い。

攻略法

▶ ハウツーを教えるだけではなく、
トレーニング方法も同時に定義する

一見、誰にでもできる単純作業であったり、詳細な作業マニュアルが用意されていたりしても、神経の仔細な動き、力加減やさじ加減の調整が求められる作業においては、人によって習得に時間がかかることがあります。説明を見聞きして理解するのと、実際に自分が動くのとでは大きな違いがあるためです。この加減を身につけるためのトレーニング方法も同時に定義しておけば、個々人で練習ができるようになり、短期間での習得を可能にすることができます。

解説

　仕事の中には、クリエイティビティや高いスキルを求められる業務もあれば、さほどスキルを問われない単純作業も存在します。その割合は、業種や業態、職種によっても違ってくるところです。

　動作はシンプルなのに、メンバーによってクオリティやスピードに差が生じたり、習得期間にばらつきが生じたり。そのような悩みを抱えているなら、その**作業を細分化し、各工程のさじ加減を反復的に学習できる、「トレーニング方法」を示す**ことで、解決の糸口が見えてきます。

ある餃子店で、スタッフによる作業スピードのばらつき改善に取り組んだ事例をご紹介します。

　この餃子店は、毎日1万個を超える餃子が売れていく繁盛店ですが、工場から運ばれてくる冷凍餃子を提供しているのではなく、毎日店舗で皮から作った手作りの餃子を提供しているのです。

　とはいっても、熟練の餃子職人たちが1万個の餃子を作っているわけではありません。もちろん、ベテランと呼べる社員もいますが、主力はアルバイトスタッフたちです。

　当然ながら、経験によって作業スピードや完成品のクオリティにばらつきがあり、安定的な餃子の仕込みをすることができていませんでした。

　そこで、ベテランスタッフの技術を可視化し、新人からベテランまで同じスピード、クオリティで作れるような作業モデルを構築。それをマスターするためのトレーニング方法を策定しました。

動画マニュアル導入前後のスタッフの作業時間の変化

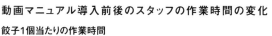

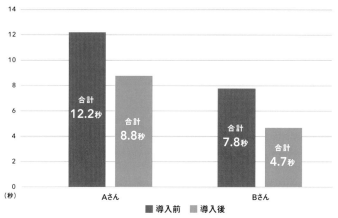

餃子の生地を伸ばす作業の動画マニュアル

　まずは、手を使って作業する工程を細分化するところから着手しました。

　餃子作りの工程は大きく「生地を伸ばす」と「餡を包む」の二つに分けられます。

　「生地を伸ばす」工程では、1枚当たり8秒で伸ばせるスタッフもいれば、12秒以上かかるスタッフもいるという状況でした。
　「4秒くらい大したことないのでは?」と思うかもしれませんが、作業時間に1.5倍の差が生じていることは看過できません。
　まさに、「チリも積もれば山となる」で、1000個作れば1時間以上、1万個作れば11時間以上の差が生じてしまいます。

　そこで、厨房にカメラを設置して、作業が速い人の動きを録画して分析しました。すると、同じように作業が速い人でも、皮の伸ばし方には個性や癖が見られました。その中から、熟練者でなくてもできそうな伸ばし方をピックアップし、これを作業の標準モデルとしました。

この時、同時に「生地1枚当たり5秒以内にのばす」と目標タイムも設定。そこからさらにこの作業を細分化して、生地を伸ばす時は「麺棒を0.5秒で1往復させる」ことを基準としました。すなわち、10回麺棒を転がして1枚の生地を伸ばしきる、という設計にしたのです。

　そして、この標準モデルをマスターするために、トレーニング用の動画を制作しました。0.5秒間隔でピッピッと刻むメトロノーム音をバックに、餃子の皮を麺棒でのばしているアニメーションがくり返し流れる動画です。この動画を流しながらトレーニングしてもらったところ、餃子1個を作るに当たり、スタッフ平均3秒の作業時間を短縮することができました。

　このように、たとえ単純な作業であっても、いくつかの動作の組合せと捉えることができます。この**動作をできる限り細分化し、それぞれに明確な数値目標を持たせることで、速度管理や品質管理をする**ことができるようになります。また、具体的な作業については、動画を使って視覚的に確認しながらくり返しトレーニングを積ませることも、非常に有効な手段です。

無理ゲー

会議の場や社内チャットで
メンバーに問いかけても
沈黙、スルーされることがしばしば

会議や社内チャットの場で、チームメンバーから仕事に対しての積極的な発言が見られない。問いかけや指示出しをしても、どこ吹く風。仕事に対しての参加意識が低いのか、自分に言われていると思っていないのか、悪気なくスルーされることもしばしば。

攻略法

▶「画面オン」や「名指し」で当事者意識を呼び起こす

画面オフのオンライン会議や発言してもしなくてもいいような打合せでは、どうしても「傍観者」になってしまうような心理が働いてしまいます。画面をオンにして顔を表示させたり、たまに「○○さんはどう思いますか?」と名指しで意見を求めたりすることで、当事者意識を持って参加するようになります。

解説

　会議や打合せで、部下からの発言がほとんどなく、ただ話を聞いているだけ。同意はしても、責任を伴う反論や意見は言いたがらず、すべてにおいて逃げ腰で、積極性が感じられない。

　このような状態に陥っているとしたら、それは、職場において「傍観者効果」が働いてしまっているからかもしれません。

　傍観者効果(Bystander Effect)とは、社会心理学上の概念です。何か事件が起きても、その場に多くの人がいる場合、当事者意識が薄れてしまい、適切な行動をとらずに傍観してしまうことを意味します。

　この理論は、1964年にニューヨークで起きたキティ・ジェノヴィ

ーズ事件をきっかけに生まれました。この事件では、多くの目撃者がいる中で、一人の女性が暴漢に殺害されました。多くの人が見ていたというのに、誰も彼女を助けたり、通報したりはしなかったのです。

この事件を契機に、心理学者たちは、なぜ人々が群れていると適切な行動を起こせないのかを研究し、「傍観者効果」を提唱しました。

この傍観者効果で説明できる現象は、事件や事故以外にも、日常的に起きています。たとえばセミナーや研修など複数人で講座を受ける際、少人数の講座では、参加者はある程度の当事者意識と緊張感を持って受講します。

しかし、100人もの大人数が聴講するような講座になると、どこか他人事のような、「ただその場にいるだけ」という受講態度になってしまう人が多数を占めるようになります。

このように、身近な環境においても、**参加者や当事者であるべき人物がただの傍観者として振る舞ってしまう場面がたくさん存在**します。

では、どうすればこのような事態を防ぐことができるのでしょうか。

ある大学で、PC実習室でPCを使った授業を録画し、学生の聴講の様子を分析するという調査を実施したことがありました。

すると、教壇に近い前列に座る学生は、授業に関係のない行動はあまりとらず、真面目に聴講している様子だったのに対し、教壇から遠い後列に座る学生は、スマホを見たり、隣の学生と小声で話したりと、授業に関係のない行動をとることが多かったのです。

そして、授業が始まってから授業に集中し始めるまでの時間も長くなるという傾向が見られました。これは、授業に対する関心が下がっていることを表しています。

同じ授業の別の回を見ても、席順は変わっているにもかかわらず、やはり同じ現象が見られたのです。誰がその席に座っているかにかかわらず、前列にいる人は集中し、後列にいる人は集中できないという傾向が見られたのです。

授業中の学生の席位置の違いによる様子の違い

前列の生徒：■Aさん、■Dさん — 前列は、授業外の行動が少ない

授業内容以外でのスマホ操作	
生徒同士の会話	

後列の生徒：■Bさん、■Cさん、■Eさん — 後列は、授業外の行動が多い

授業内容以外でのスマホ操作	
生徒同士の会話	

　しかし、この状況を変える一つの手立てがあります。

　この時、講師が学生に一度でも名指しで意見を求めると、当該学生以外にも「次は自分が当てられるかも」と緊張が走り、傍観者から当事者へと意識を戻すことができるのです。

　これは、教室だけでなく、職場でも同様のことが言えます。

　複数人が参加する会議で、会議室の奥のほうに座っていたり、オンライン会議でもマイクも画面もオフにしていたり。これは、傍観者でいたいという気持ちの表れだと思います。

　特に、特殊な事情がある場合を除き、オンライン会議での画面オフ

授業中の学生が集中するまでの時間

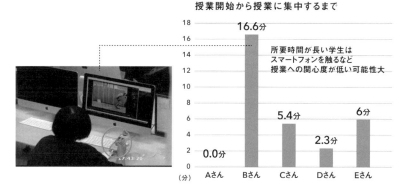

授業開始から授業に集中するまで

所要時間が長い学生は
スマートフォンを触るなど
授業への関心度が低い可能性大

16.6分
0.0分　5.4分　2.3分　6分

Aさん　Bさん　Cさん　Dさん　Eさん
(分)

はよくありません。聞いているのか聞いていないのかもわからない状況は、参加していないのと同じです。画面オンで顔を見せることをルール化しましょう。

　そして、会議中、定期的に名指しで質問したり、あるいは、重要な決議でなかったとしても、参加者全員にランダムに意見を求めたりすることが有効です。

　すると、**一度発言した人は、その後も集中して聞いてくれるようになりますし、そうでない周囲の人も「次は自分かも」という緊張感を持つようになる**ため、会議への集中力や当事者意識が高まります。

　このようにして、「群衆の中の一人」ではなく「参加者」「当事者」としての自覚に訴えかけることで、傍観者効果が起こりにくい環境を作り、メンバーのコミットメントを高めることが大切です。

部下に奮い立たせる言葉をかけ、
実際に意気込みを見せてくれるのに、
部下の成果が伴わない

ことあるごとに部下をモチベートしている。実際にやる気を見せてくれているのだが、なかなか成果につながらない。これ以上どんな言葉をかければよいのだろうか。いくらコントローラーでコマンド操作をしても、プレーヤーがその通りに実行しなければ、ゲームも進まない。

攻略法

▶ 体験学習をさせることで理解度が上がり、
記憶にも残りやすくなる

モチベーションと実際の成果には、必ずしも相関関係があるわけではありません。いくら相手を奮い立たせる言葉を伝えても、それが結実するとは限りません。それよりも、体感を伴った経験を一つ積むほうが、圧倒的に理解が増し、成果も出やすくなるものです。仕事を理解し、成果につなげてほしい時にはモチベーションを上げるよりも実際に手を動かす、声に出す、といった体験を積ませることが有用です。

解説

　奮い立たせるような言葉をかけると、モチベーション高く取り組んでくれる部下たち。しかし、なぜか一向に具体的な行動や成果に結びつかない。そんな悩みを抱える中間管理職の方も多いと思います。

　実は、モチベーションの向上と学習効果には、相関性があまりないことがわかっています。

　では、何をどう伝えれば、着実に成果につながる働き方をしてくれるのでしょうか。

　ある大学のスポーツアナリストを志す学生たちが集う学部で、授業に対する学生の理解度には何がもっとも影響を与えるのかを調査した

ことがありました。

　学生の授業の履修動機、受講態度、授業中の眠さ、授業の内容、資料の見やすさなどのさまざまな要因を点数化し、これらと、理解度をチェックするためのテストの点数との関連性を調査したのです。

　この時に明らかになったことが、**意識の高い履修動機を持っていても、その分テストの点数が高くなるとは限らない**ということです。
　次のグラフを見てみましょう。

意識の高さ別、各回のテスト点数の正規分布

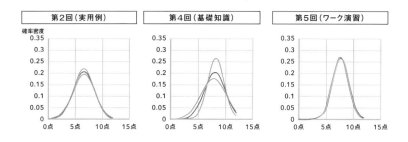

　まず、履修動機アンケートから、意識の高さに応じて意識の高い履修動機、平均的な履修動機、意識の低い履修動機の3つに分類しました。それぞれの学生が受けた、各授業のテストの点数の標準偏差を表した正規分布グラフが上掲になります。
　これを見る限り、2回目の授業と、5回目の授業では、意識の高低、すなわちモチベーションややる気の如何にかかわらず、学生全員の平均点がほぼ同じになっています。
　逆に、4回目の授業では履修動機が明確でモチベーションの高い学生ほどテストの点数が高く、そうではない学生ほど点数が低くなりました。
　この4回目の授業では、スポーツ分析の歴史や成り立ちについて、解説がなされました。将来スポーツアナリストになりたい学生にとっ

ては、知っておかなければならない内容です。しかし、実生活やスポーツアナリスト以外の仕事に役に立つわけではありません。モチベーションが高くなければ、授業に集中できずに点数を取りこぼす、ということも理解ができます。

　一方で、特に全学生のテストの点数のばらつきが小さい5回目の授業の内容を見てみると、分析ソフトウェアの使い方について実践的に解説していました。要は実際に自分で目の前のPCを使ってソフトウェアを動かして体験してみる、という内容だったわけです。

　この授業では、履修動機やモチベーションの高さは、成績に影響を与えていません。授業後のアンケートに「授業中とても眠かった」と回答した学生であっても、テストの成績は平均的で、悪くないという結果でした。
　さらに、5回目の授業終了後の理解度チェックテストでは、記号選択式の問題が10問出題されました。そのうち5問が基礎知識に関する問題で、残り5問が実際の実習に沿った問題です。

　このテストの学生全員の結果を見ると、基礎知識に関する問題は、

5回目授業終了後のテスト正答率

	5回目授業後テスト問題	正答率
基礎知識に関する問題	1問目	59.6%
	2問目	73.1%
	3問目	84.6%
	4問目	50%
	5問目	53.8%
実習に関する問題	6問目	94.2%
	7問目	94.2%
	8問目	94.2%
	9問目	88.5%
	10問目	84.6%

総じて正答率が低い傾向にあります。しかし、実習に関する問題は正答率が非常に高くなっています。

　耳で聞いただけの情報は、やる気がある人でないとすぐ忘れてしまうけれど、自分が実際に手を動かして取り組んだ体験記憶は、条件を問わず、定着しやすいのです。
　つまり、**意欲やモチベーションの高さに期待するのではなく、定着しやすい仕組みを作ったほうが効果的**だということです。

　仕事においても、「こういう交渉のコツはこうだよ」「企画を立てる上ではこれがポイントになるんだよ」と口でいくら伝えるよりも、手を動かし、アウトプットしながら覚え、成功体験を重ねてもらったほうが、記憶も定着するし、自分の体験記憶として残るため、その後長い目で見て成果を出しやすくなります。これは事務処理でも、電話応対でも、接客でも同様です。
　部下の仕事に成果を求めるならば、意欲を引き出すよりも「体験を伴う学習」をさせることが有効なのです。

無理ゲー

部下やチームメンバーに
説明したことを一度で覚えてもらえず、
説明に時間を奪われる

同じチームのメンバーに説明しても説明しても、なかなか作業内容を覚えてくれない。何度注意しても、同じミスをくり返す。ルールもマップも覚えてくれないパーティと冒険を続けているような、効率の悪い状態が続いている。

攻略法

▶ アウトプットすることを前提とした伝え方を

「現場に戻ったら○○さんにも同じ内容を伝えておいてくれる?」と、後でアウトプットすることを前提とした伝え方をすると、相手は「伝えもれがないように」と聞く際の脳の働き方が変わります。また、実際にアウトプットすることで、記憶が定着しやすくなります。

▶ 知識記憶から経験記憶に

話を聞いて覚えてもらうのではなく、実践を伴う教え方をすることで、より記憶が定着しやすくなります。作業を一緒にやってみる、その場でシミュレーションしてもらうなど、教えた内容を即座にアウトプットさせるように教え方に趣向を凝らしてみましょう。

解説

「指示した内容を一度で覚えてもらえない」。職場でよく聞かれる嘆きです。人間の記憶力の問題から話をしていきましょう。

　人の**短期記憶は、15秒で90%失われます**。目や耳などから入ってきた情報は、脳の奥にある「海馬」で一時的に保管され、その後、ほとんどの情報がすぐに消去されます。

　脳は非常に大きなエネルギーを消費する器官です。すべての情報を保持していたら、エネルギーが枯渇してしまいます。そのため、さま

ざまなことをすぐに忘れて省エネできる仕組みになっているのです。

　この「すぐに忘れる」に該当しない記憶があります。それが中期記憶と長期記憶と呼ばれるものです。中期記憶としてインプットされた情報は数十分から1ヵ月間、長期記憶としてインプットされた情報は年単位で覚えていることも多いです。

　次の図は、時間の経過とともに短期記憶から情報が失われていく過程を表したものです。3秒後に20％、15秒後には90％近くの情報が失われてしまいます。人間の短期的な記憶力について、一般的に「3秒が限界」と言われているのは、このためです。

短期記憶の再生成績　　　　　**エビングハウスの忘却曲線**

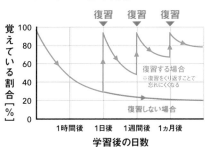

しかし、話の内容について「覚えておかなければ」という意識が働くと、情報は中期記憶として残りやすくなります。ただ、中期記憶ですら20分後に42％が、1時間後には56％が失われてしまうのです。その事実を示したのがエビングハウスの忘却曲線と呼ばれるものです。

　そうした中でも忘れてしまう前に記憶を反復、すなわち復習することで、再び「覚えている」状態に戻ることができます。この復習をくり返していくうちに、中期記憶から長期記憶へと、情報を定着させることが可能になるわけです。

　ある大学で、講義を受けている学生たちの様子を分析したことがあ

りました。教室にビデオカメラを設置し、講義中の学生の様子を撮影します。そして、授業の最後に実施される小テストの成績と、受講中の学生の行動についての相関を調査しました。

　授業内容はPCを使った情報工学の講義だったのですが、先生の口頭での説明と板書を使った解説だけで小テストを実施した際の正答率が64.2％だったのに対し、学生が実際に手を動かす実習を取り入れた講義の小テスト正答率は91.1％。実に26.9％も差が生じたのです。もちろん、他にも要因はあるでしょうが、実際に自分の手足を動かしたほうが物事を覚えやすいということは、皆さんにもご経験があるのではないでしょうか。

授業内容の違いによる小テスト点数の違い

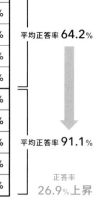

	問	正答率	
インプット時に説明した問題	1	59.6%	
	2	73.1%	
	3	84.6%	平均正答率 **64.2**%
	4	50.0%	
	5	53.8%	
アウトプット時に説明した問題	6	94.2%	
	7	94.2%	
	8	94.2%	平均正答率 **91.1**%
	9	88.5%	
	10	84.6%	

正答率
26.9%上昇

※58名の学生を対象に実施

　つまり、見たり聞いたりしただけの知識はすぐに忘れてしまうけれど、**身体を使ったアウトプットが伴う場合、中期記憶に残りやすい**ということです。脳科学的には、中期記憶として持っている情報のうち、くり返し使われるものは長期記憶として保管されるようになると言わ

れています。

　さて、話を仕事に戻すと、情報が伝わっていなければ、いずれ伝わっていないことによって起こるトラブルに対処する必要性が出てきます。これは、大きな時間と労力のロスになりかねません。

　短期記憶は記憶の一時保管なので、できる限り、伝えた情報を中期記憶や長期記憶へと移行させてあげなくてはいけません。伝えた相手に長期記憶としてインプットさせるために、情報伝達の方法を工夫することが大切です。

　たとえば部下に情報や指示を伝える際、最初に**「1時間後にこの内容をAさんにも伝えてもらえますか?」という言い方をします。**すると、相手は「聞いた内容を自分でも説明できるようにならなければ」という気持ちになり、「いつまでに」「何を」「どうするのか」と、ポイントを押さえた聞き方に変わります。また、必要に応じてメモを取るなど、聞く際の行動が変化するかもしれません。そして、1時間後にAさんへ伝達することで、情報を反復、復習することができます。

　このように、1時間後に誰かに伝えるというミッションも同時に与えることで、「アウトプット」と「反復・復習」を両立させ、伝えたことを中期記憶や長期記憶として定着させやすくできるのです。

部下に直接方針を伝えても、
意図せぬアウトプットばかり
出し続け、一向に成果に結びつかない

- - - - - - - - - - - - - - - -

こちらの意図する方針も、それに則した指示も伝えているのに、なぜか言う通りに動いてくれない。当然のことながら、成果に結びつかない。指示を出し続けてはみるものの、同じことのくり返しで、先行きが不安。

攻略法

▶ 定性曖昧な表現をなくし、定量明確な指示を出す

受け手側ではなく、指示を出す側に問題があるケースもままあります。方針や指示を聞いても、部下が実際に具体的な行動をイメージできていない可能性があるのです。誤解の余地のない情報伝達をするために、事実や数字をベースとした定量明確な指示を出しましょう。

▶ 録音音声を聞くなどして発言の曖昧さを自覚する

自分では明確に指示出しをしているつもりでも、聞き手にとっては定性曖昧な表現をしているかもしれません。会議の議事録を見直す、自分の発言を録音した音声を聞き直すなどして、自分の発言に定性曖昧な表現がないか、客観的に判断してみましょう。

解説

　会議や打合せといった場面で他者に向けて発言する際は、定性的な話し方ではなく、定量的な話し方をする必要があります。

　定性的な話し方とは、主観的で感覚的な、聞き手によって解釈にばらつきが生じる表現のことです。「しっかり」「結構」「かなり」「徹底的に」などの形容動詞や副詞が多用されます。

　定量的な話し方とは、数字や具体的なデータを用いた、客観的な情

報に焦点を当てた表現のことです。「7日に1回」「20％」「130万円」など、具体的な数値が使われます。

次の2つは、同じプレゼンテーションの感想を述べたものです。
感想①「昨日のプレゼンテーションは非常に印象的でした。新しく、クリエイティブなアイディアが発表され、参加者たちの興奮が伝わりました」
感想②「昨日のプレゼンテーションでは、新製品に対する肯定的な評価が高まりました。参加者の80％が新機能に関心を示し、アンケートでは5段階で平均4.5の評価を獲得しました」

感想①が定性的、感想②が定量的な表現であるということは、すぐご理解いただけるのではないでしょうか。

①の定性的な感想は、個人的な印象、感想を述べる場では適しているかもしれませんが、仕事や、特に会議などの場においては、圧倒的に②のような表現が向くでしょう。

定性曖昧な表現と定量明確な表現の例

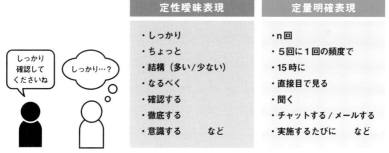

定性曖昧表現	定量明確表現
・しっかり	・n回
・ちょっと	・5回に1回の頻度で
・結構（多い/少ない）	・15時に
・なるべく	・直接目で見る
・確認する	・聞く
・徹底する	・チャットする/メールする
・意識する　　　　など	・実施するたびに　　　など

→人によって解釈が分かれる　　→人によって解釈が分かれない
責任者の発言と現場の作業品質には関連がある

ある小売チェーンを運営する企業の分析をした時のことです。各店舗のマネージャーの会議での発言と、その店の業績との関連性を調べる調査を実施しました。この調査では、オンラインミーティングを録

画し、発言のすべてをテキスト化。一言一句について、「定性曖昧な表現」と「定量明確な表現」とに分類し、分析していったのです。

　蓋を開けてみると、**業績が上位10％の店舗のマネージャーは、定量明確な発言の比率が76％だったのに対し、上位20％の業績の店舗のマネージャーになると、定量明確な発言の比率は64％に減少**。そして定量明確な発言よりも定性曖昧な発言のほうが多いマネージャーの店舗の業績に至っては平均以下、という調査結果となりました。
　また、この調査で定性曖昧な発言の比率が高いマネージャーの下では、現場での部下の行動の再現性が低くなることもわかりました。つまり、定性曖昧な指示では現場のメンバーに伝わらないのです。

会議中のマネージャーの発言と管轄チームの生産性の関連

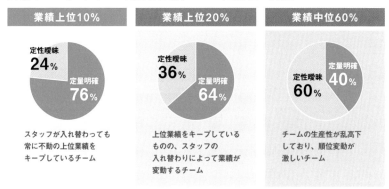

　定性曖昧な話し方が癖になっている人に対して、「定量明確な話し方を意識してください」と言っても、一朝一夕には変わりません。どこまでが定性的でどこからが定量的であるかが認識できていないことも多いためです。
　定量明確な話し方を身につけるためには、**会議などの議事録を読み返したり、自分の発言をあえて録音して聞いてみる**ことが効果的です。
　普段、普通に仕事をしているだけでは自分の発言や話し方を「振り

返る」機会はありません。そのため、ほとんどの言葉は無意識のうちに発せられています。よほど話し方のトレーニングを積んだ人でない限り、無意識に出る言葉は定性曖昧な表現が多くなってしまいます。自覚しにくい部分なので、議事録を目視したり、録音した音声を聞いたりすることで、自分の言葉遣いを振り返ることが大切です。

　自分の声を聞くというのは、最初は抵抗を感じるものです。しかし、だからこそ効果があります。会議の録音音声を聞くといっても、会議の音声を丸ごと聞く必要はありません。自分の発言部分について、5分だけでもいいので、移動時間などを利用して聞くようにします。
　自分の定性曖昧な表現に気づくことができたら、いかにして定量明確な表現に置き換えることができるかを考えましょう。

　ほとんどの場合、言い回しを工夫することで対応できます。「しっかり」ではなく「3日に1回」とか、「忘れないように」ではなくて、「明日質問したら全員答えられるように」というように。

　要は、その言葉を聞いた相手が、具体的な行動や動き、達成水準を明確に認識できるかどうかが重要なのです。こうした定量的で明確な伝え方が、その後の現場の生産性を左右します。

部下がしくじるたびに
状況やミス発生の原因を追及するが、
根本原因に辿り着けない

ミスやトラブルの原因を追及し、対応策を考えたいのに、チームメンバーに尋ねても、詳しい原因や状況を明確に伝えてくれない。敵の特徴や攻撃パターンが把握できなければ作戦や対策が立てられず、何度も同じところでゲームオーバーになってしまうのと同じで、原因がわからなければ再発防止策も講じることができない。

攻略法

▶「なんで？」はＮＧ。理由ではなく事実を聞こう

ミスやトラブルが生じた際に、直接理由を尋ねていませんか。人は「なんで？」と聞かれると、「責められている」と感じます。すると、防衛本能が働き、言い訳や弁解が増えてしまいます。「なんで？」と理由を直接問うのではなく、「いつ？」「何が？」「どこで？」と、事実のみを聞くようにしましょう。

解説

　ミスやトラブルが発生した際、まずすべきことは、状況確認とその場を丸く収める緊急対応です。

　とりあえず急場をしのぐことができたら、次は原因を把握して分析し、同じことがくり返されないように、再発防止に努めなければなりません。

　しかし、ここで別の問題が起こります。

　「なんでこんなことが起きたのかな？」と現場スタッフに聞いても、しどろもどろだったり、要領を得なかったり、一向に実際の理由や要因を教えてくれないのです。

　ミスの直接の原因や、前後で起きていたことなどの事実を聞きたい

のに、返ってくるのは「多分こうだと思うんですけど」という当人の主観的な「解釈」ばかり。

時には、はぐらかすような回答をされることも。

そんな状況では、何か隠したいことや、やましいことでもあるのだろうか……と勘ぐりたくなるかもしれません。

実際、そういうケースもゼロではないかもしれません。

しかし、これはいわば「なんで?」という言葉に対する条件反射の防御反応のようなものです。

人は「なんで?」という問い方をされると、相手が自分を非難したり自分に責任を押しつけたりしているのではないかと感じてしまうことがあります。すると、自己防衛の心理が働き、言い訳や弁解をしたくなってしまいます。

そして、**自分の正当性を主張する**ことばかりを考え、**質問に適切な回答ができなくなってしまう**のです。

この時、「ちゃんと答えて」と詰め寄っては逆効果で、相手は余計に防衛反応を強めてしまいます。

ではどんな聞き方をすればよいでしょうか。

我々がすすめるのは、「事実」だけを尋ねる方法です。まず、「それが起きたのは何時だった?」「何個の破損品があった?」「その時周りには誰がいた?」と、具体的な数字や事実でしか答えられないことを最初に聞くことで、聞かれた側も「あ、この人は発生状況を聞きたいんだ。自分を責めてるわけじゃないんだ」と認識してくれます。

その後の質問では、「なんで?」ではなく、「どこが難しかった?」や「いつ誤作動に気づいた?」といった形で、理由ではなく、どうやってミスが起きたのかを明らかにする聞き方をしましょう。

5W1Hのうち、「Why（なぜ）」以外の問い方で聞くと、相手の自己防衛心理を刺激しづらくなります。

　「5W1H」とは、次のような問いです。

Who（誰）：その時シフトに入っていたのは誰ですか?
What（何）：破損した備品は何ですか?
When（いつ）：そのクレーム電話はいつかかってきたの?
Where（どこ）：どこで事故が起きたの?
　~~**Why（なぜ）：なぜ?　の問いは使わないようにしましょう**~~
How（どのように）：どうやって片付けたの?

　ミスやトラブルの原因を究明する時は、多くの質問をすることになります。するとどうしても尋問のようになってしまいがちで、相手側に拒否反応が出てしまうこともあります。もちろん、そうした相手に対しての思いやりも大事ですが、個人の判断や解釈を挟まずに事実や前後関係を明白にするためにも、責めていると思われないように言葉を選びましょう。

　プラスαの言葉をかけるなら、「どこが一番つらかった?」「何が難しかった?」「戸惑ったり悩んだりしていることは?」と、相手に寄り添う質問を加えることも有効です。
　「責められているわけじゃない」という認識から、「この人は自分の味方なのだ」という信頼感が高まります。
　すると、回答にも協力的になり、次の打ち手を見出しやすくなります。最後は実践。次のページにある「なぜ?」の問いを、他の言葉で言い換えてみましょう。

「なんで?」の言い換えワーク

Before
なんでこんなミスしたの?
なんで言ってくれなかったの?
なんでこういうやり方にしたの?
どうしてこうなったの?
なんでそう思ったの?
なんで昨日休んだの?
なんで頼んだこの作業終わってないの?
なんでA社に依頼したの?
なぜ私より先にB部長に話をしたの?

After

無理ゲー

進捗の共有や相談もないままに、気づいたらメンバーの一人が
キャパオーバーで緊急事態に

パーティメンバーのHP/MPが見えずに、気づいたら瀕死になっているような緊急事態が多発する。プロジェクトの進捗状況の報告や相談がなければ、うまくいっているものだと思うけれど、気づくといつの間にかメンバーがキャパオーバーでパンク寸前になっていたりする。もっと早く相談してくれれば、いくらでもフォローできたのに。

攻略法

▶ こまめなフィードバックで普段からコミュニケーションを

部下からの相談頻度は上司からのフィードバック頻度に比例します。上司側からこまめにフィードバックしていると、そのタイミングで部下からも報告をしやすくなります。また、日頃から言葉を交わしていることで、困りごとの相談をするハードルが下がります。

▶ 「危険水準を超えたらアラートを出す」練習をする

業務量がこれ以上になったらアラートを出す、という明確な基準を設けましょう。アラートを出すことをためらうスタッフもいるので、アラートを出す練習をして、「基準値を超えたらアラートを出す」ことを常態化してしまいましょう。

解説

　ちょっとした不具合やトラブルの種になりそうな出来事が起こった時。早めに相談してくれればすぐ対処できたのに、報告が遅れたために問題が大きくなったり、余計なコストや時間を使う羽目になったり、ということは皆さんもご経験があるのではないでしょうか。気がついた時には「時すでに遅し」。

　部下たちは、なぜ、早めにその状況を伝えてくれないのでしょうか。

もちろん、部下たちも、報連相の重要性は充分理解しています。

でも、**部下からの相談や報告の回数というのは、上司からのフィードバックの回数に比例するのです。**普段から上司によるフィードバックの機会が少ないと、部下からの相談も少なくなる傾向が見られます。

たとえば、部下の取り組んだ業務に対して、「用意してもらったプレゼン資料、チャートが見やすくて助かるよ」とか、「この間頼んだ報告資料、ちょっと遅れ気味のようだけど、サポートが必要だったら言って」といったフィードバックの機会が頻繁にある場合。

部下からしてみれば、「プレゼン資料、次はこうやって作ってみてもいいですか?」「先日の報告資料、ちょっと立て込んで遅れそうなのですが」といった趣旨の相談を自分からも気軽にしてもいいのだ、と判断がつきます。

これは、そもそも会話の機会があるということと同時に、頻繁なフィードバックによって頻繁な報連相をしてもいいのだ、という心理的安全性を担保することにもつながります。要はコミュニケーションや報連相のハードルが下がるわけです。

しかし、フィードバックがほぼない状態が続いていると、相談するタイミングが見つかりません。また、「こんなことで相談していいのだろうか」と、話しかけるハードルも上がってしまいます。相談のタイミングと相談内容に関して、躊躇するようになってしまうのです。

相談とフィードバックの頻度の関連性

部下からの

上司からの

相談の頻度・数	＝	フィードバックの頻度・数

上司の立場からすると、信頼しているからあまり口出ししないようにしていただけかもしれません。しかし、手短かでいいので、こまめなフィードバックをしておくことが大切です。

　部下の仕事に対してフィードバックをするタイミングは、部下から相談や報告を得られるタイミングでもあるのです。

　そして部下がちょっとした問題を相談してくれず、トラブルが大きくなってから報告されるケースが多い場合、もう一つ、有効な手立てがあります。それは、危ない状況になったら「アラートを出す」ことをルールにすること。どういうことか説明します。

　あるファストフードチェーンでは、スタッフが1人で3つ以上ハンバーガーのオーダーを抱えた時などに、「デンジャー」と声をあげるルールになっています。

　マネージャーといえども、慌ただしい現場において、誰が何個のオーダーを抱えているのかを常時把握することはできません。そのため、この「デンジャーコール」の発動によって、作業の遅れが発生しかねないスタッフの元へ、他のメンバーがヘルプに行けるように仕組み化がされているのです。

　当該スタッフの担当しているハンバーガーの数が減れば、ヘルプに入ったスタッフは自分の持ち場に戻ります。そして、再びどこかでデンジャーコールがかかったら、そこに向かうというシステムです。

　このように、自分の抱えている案件が多すぎて管理しきれなくなった時、クライアントとのやりとりに暗雲が垂れ込めてきた時、長時間残業をしないと目の前の業務がさばききれないと思った時。限界になる前に**「ちょっと危ないかも」というサイン（アラート）を出すことをルールにしてしまえばよいのです。**

　このようなアラートを出すことにより、短時間で事態が改善します。

　しかし、危険を感じた時に、「危ない」「助けて」と言える人はなかなかいないでしょう。

　困った時にアラートを出すというルールを設けている組織は多くありますが、アラートを実際に出すには勇気が必要です。アラートを出すことで、自分の評価を下げてしまうのではないかと恐れてしまうため、困っていても、声をあげることを躊躇してしまうのです。

　だからこそ、**「困ったらアラートを出さなくてはいけないんだ」という意識を定着させなければいけません。**そのためには、アラートを出すことをルール化し、出す練習をする必要があります。

　まず、「このラインを超えたらアラートを出す」という基準を設定します。そして、練習でアラートを実際に出してみるのです。

　これは避難訓練のようなもので、練習しておくことで、いざという時ためらわずに行動できるようになります。

　フィードバックをこまめに返すことと、基準を超えたらアラートを出すというルールを徹底することで、早めの相談やヘルプ要請がもらえるようになり、トラブルの芽を小さいうちに摘み取ることができるはずです。

無理ゲー 昇進・昇給に積極的な部下が少なく
顧客から叱責を受け意欲も減退。
他の仕事に対しても消極的になっている

- - - - - - - - - - - - - - -

チームメンバーに対してこまめにコミュニケーションを図り、ある程度の信頼関係も築けている。実務遂行力にも問題はなく、見かけ上チームはうまく回っている。それなのに、一見問題ないようなメンバーが、顧客からのクレームや不満を原因に病み、チームを離れていってしまう。

攻略法 ─────────────────────

▶声かけの内容と質を見直して、
スタッフが感謝・賞賛される機会を作る

チームメンバーとこまめにコミュニケーションを取ることは大事なことです。ですが、その内容と質が、メンバーの成長につながるものかどうか、という視点が必要です。通常業務の指示や進捗確認、雑談だけでなく、価値観の共有や、メンバーの仕事に対するフィードバックが盛り込まれているか、自分自身の声かけの内容を振り返ってみましょう。そうしたメンバーの成長につながる声かけが、顧客からの感謝や賞賛につながる行動を生むはずです。

解説 ─────────────────────

　ある飲食店で、店長がどのような言葉をスタッフへかけているのか、発言を記録して分析するという調査を実施しました。

　調査は、社内でも優秀な業績を上げているA店の店長と、平均的な業績のB店の店長の2人を比較する形で行ないました。

　A店長の下では、スタッフの定着率が高く、アルバイトスタッフが次々と「社員になりたいです」と希望します。つまり、早くスタッフが育つ上に、戦力がどんどん増強されていくのです。

　一方、B店長のところでは、なかなかアルバイトが育たず、また、すぐに辞めてしまうことも頻繁に起こります。

店長の発言内容を以下7つに分類

教育（価値観共有）	あるべき姿や行動、その理由を伝える
教育（作業手順）	具体的な作業方法やコツなどを伝える
指　示	「○×行ってきて!」「△△取って」など行動を伴う指示
確　認	「●●出した?」「あれ終わりました?」など状況の確認
フィードバック	「上手になったね!」「もっとこうするといいよ」など、教えたことに対するリアクション
共　有	「1卓バッシング完了しました」などの状況や、本部からの伝達事項を他スタッフに伝える
雑　談	業務に関係のない会話

　調査では、同じ店舗で同じスタッフが働いているところへ、Aさんとさん2人の店長に時期をずらして入ってもらいました。

　もちろん、調査であることは明かしていません。

　店長がスタッフとどんな会話をしたのか、その会話内容を録画・録音し、「教育（価値観共有）、教育（作業手順）、指示、確認、フィードバック、共有、雑談」の7つに分類しました。

　次ページでご紹介する図は、その調査の分析結果です。

　優秀なA店長の会話は、「このお店で食事をしたお客様に笑顔になってほしいよね」といった価値観の共有から、「盛りつけはこうやるんだよ」といった作業手順のレクチャーなど、教育に関する発言が半分以上を占めています。また、「おしぼり補充して」といった指示出しや、「3卓さんデザート出した?」といった状況確認もしています。その上で、適宜「いいね」「上手になったね」「うまいね」といったフ

店長の発言内容の内訳

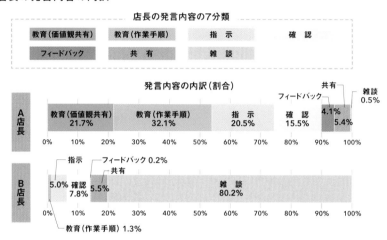

店長の発言内容の7分類

教育(価値観共有) 教育(作業手順) 指示 確認
フィードバック 共有 雑談

発言内容の内訳（割合）

A店長
教育(価値観共有) 21.7%
教育(作業手順) 32.1%
指示 20.5%
確認 15.5%
フィードバック 4.1%
共有 5.4%
雑談 0.5%

B店長
指示 5.0%
確認 7.8%
共有 5.5%
フィードバック 0.2%
雑談 80.2%
教育(作業手順) 1.3%

ィードバックもしている。要は、発話内容のバランスがいいんです。

　それに対して、平均的成績のB店長は、スタッフにかけた言葉の実に8割が雑談でした。まるでB店長がサボっているように見えますが、そうではありません。「11卓バッシング（お皿を下げること）完了しました」といった状況共有の割合がA店長と変わらないということは、店舗運営という実務はきちんと遂行できているのです。

　つまり、B店長に足りなかったのは、店舗運営上必要な声かけではなく、管理職としてスタッフを育成するための声かけなのです。

　そして、このA店長とB店長が店舗に入っていた時、実はもっとも大きく違ったのは、お客様の反応でした。

　A店長の時は、スタッフがお客様から「ありがとう」と頻繁に言われていたのです。といっても、料理を出した時に「ありがとう」と言われる回数は、B店長の時とあまり変わっていません。

　何が違ったのかというと、たとえば赤ちゃん連れのお客様にベビーチェアを出すとか、手を汚してしまったお客様におしぼりを出すとか、

スタッフが自らしたアクションに対してお客様から「ありがとう」と言われる回数。それが、A店長の時は非常に多かったのです。

これは、A店長がお店の価値観を共有する声かけをたくさんしたことで、スタッフがそれまで以上にお客様へ寄り添った対応をするようになったためでしょう。

また、B店長の時は、お客様からの催促やお叱りも、時折発生していました。雑談の割合が8割なのですから、スタッフが雑談しているのを見たお客様が「喋ってる暇があるなら早くオーダー取りにこい」といったリアクションになったとしても頷けます。

店長からスタッフへの声かけが変わると、スタッフの行動が変わるため、お客様からのリアクションまで変わってしまうということです。

店長がスタッフに対し、「お客様に喜んでもらえるような接客を心がけたいよね」といった価値観の共有や、「さっき教えたばかりなのに、ちゃんとできてる。ばっちりだね」と肯定的なフィードバックをする。それによってスタッフが自信と安心を得て、動きがよくなり、お客様にも積極的に気配りをするようになる。そして、お客様からの「ありがとう」が増え、それがさらにスタッフのモチベーションになる。このようなよいループができあがります。

管理職は、ただ仕事を回せばいいわけではありません。部下に対して**教育的な声かけやフィードバックをし、日々の業務を通じて少しずつその部下が成長できるようにしていくこと**が重要です。こうした声かけによって部下も組織の価値観を理解し、自発的に望ましい行動をしていくようになります。この行動の積み重ねでお客様からのクレームが減って感謝や賞賛の言葉が増え、さらなる好循環が生まれます。

ゲームマスターから降りかかる無理ゲー

ゲームの進行を取り仕切るゲームマスター。ミッション内容やクリア条件はゲームマスターの一存で変わります。組織においては社長や役員をはじめとする自分の上司や、株主などのステークホルダーがゲームマスターであるとも言えるかもしれません。彼らは時に非情、時に気まぐれに中間管理職者たちに難題を課してきます。

上からの成果に対するプレッシャーはプレーヤー時代とは比になら

ないほど大きくなっているにもかかわらず、部下たちのマネジメントにも奔走しなくてはいけないのが中間管理職のつらいところです。

　部下たちの期待に応え、ミスや不足をフォローしながらも、上層部からの要請への対処が求められ、その中で自身の指導力や判断力を発揮することが要求される。これが中間管理職の通常業務です。

　ただでさえ大変なところに、上司や役員、時には他部署の存在や指示が、中間管理職の業務をさらに無理ゲー化させることがあります。

　上司の思いつきや気まぐれに振り回され、ただでさえ足りない時間と労力がさらに減ってしまう。それに加えて、他部署からの要らぬ横槍が入った日には、完全にパンクしてしまいます。

　過酷な条件の下、いかにして上司や他部署からの厳しい要求をクリアしていくか。ここをクリアしなければ、中間管理職としての評価を得ることは難しいでしょう。

　この場面で「人間関係」「感情」に囚われていたのでは、時間も精神もすり減らし、クリアできるものもできなくなってしまいます。

　イライラしたからといって、急いでその場から離れたり、適当にやり過ごしたりしていたのでは、いつまで経っても無茶振りから逃れることはできません。

　必要なアイテムは、「感情」ではなく、仕組み作りです。といっても、一から仕組みを構築する必要はありません。これまで多くの企業が残してきたデータと実績を活かせばよいのです。

　本章では、数々の事例をベースに導き出した振る舞い方と、上司や他部署からの無理難題を攻略するための手立てをお伝えします。

決議を取る会議をしても、結局
声の大きな人の意見に流され、
建設的な議論に発展しない

- - - - - - - - - - - - - - - - -

会議をすると、「ごもっとも」な意見がさまざま出るが、どれもこれも説得力があり、最善の策を選べない。結局、社長や部長といったその場にいた「声の大きい人」の意見に流され、忖度の結果最善とは言えない策に落ち着いてしまう。何のための会議だろうか。

攻略法

▶「判断」をあおぐ前に「判断基準」を明文化。
会議の前に共有する

何かを決定する会議において、前提となる判断基準がなければ、あらゆる立場のあらゆる視点から意見が飛び出し、どれも一長一短だったり、それぞれの利害がバッティングしたりして、結局決められないという事態に陥ってしまいます。優先すべき判断基準を設けることで、出すべき意見、選ぶべき意見の方向性が定まります。

解説

　仕事柄、さまざまな企業の会議に参加させていただきますが、判断基準が曖昧なまま、何かの判断を下そうとする会議をよく見ます。会議で出る意見というのは、基本的にはどれももっともらしく、説得力を伴っているものです。判断基準がないと、相反する意見であったとしても、どちらも「一理ある」となり、どの意見を選んでよいのかわからなくなります。

　そうして判断に迷った際に、多数決などになると、最終的には**役職の高い人の意見、声の大きい人の意見というものが通りやすくなってしまいます。これでは、何のために集まって会議をしているのかわかりません。**その上、結果として組織のためにならない結論に至ってし

まうこともあるのです。

　会議を開く前に、そもそもの判断基準を明文化し、これを会議のメンバーとあらかじめ共有しておくことが大切です。

　また、その基準はできる限り少なく、かつ具体性が高いほうがよいでしょう。
　というのも、たとえば「売上げの向上」と「顧客満足度向上」の両方を掲げた場合、相反する意見が対立する可能性があるためです。
「売上げアップのために、値下げキャンペーンを打とう」という意見が出ると、「安さが目的の一見客ばかりが来ると、常連さんの満足度が下がる」という意見で打ち返されてしまいかねません。
　これでは結局、元の木阿弥になってしまうのです。

　判断基準が多すぎたり曖昧だったりすると、建設的な意見が出ても、立場の違う人からの反論で潰されてしまいやすいのです。そして、そのどちらが正しいのかは、誰も判断ができません。

　ある企業で新製品のマーケティング戦略を立案するための会議を開きました。しかし、判断基準が事前に定められていなかったため、さまざまな部署からさまざまな意見が飛び交い、結局、目標が不明確なまま議論が進んでしまいます。
「広告費を増やして知名度を上げるべきだ」という意見と、「ターゲット層に焦点を当てるためにもターゲティングを強化すべきだ」という意見が対立。どちらも間違った主張はしていません。
　どのような基準で意思決定をするべきなのかが議論されないまま、会議は膠着状態に陥りました。参加者たちはそれぞれの意見を主張し、最終的な結論が得られません。
　結局、常務取締役が、「知名度向上が最優先だ」という主張を採用しました。

　しかし、この意思決定の根拠やロジックが不透明なため、他のメンバーは納得せずに会議を終える結果となりました。

　また、あるメーカーでの新商品導入検討会議では、「価格を抑えて大量販売することで、市場シェアが拡大できて利益が最大化できる」という意見と、「品質がよくて付加価値の高い商品を提供すれば、競合他社と差別化が図れ、顧客からの長期的な信頼を獲得できる」という意見が対立しました。

　建築プロジェクトのデザイン選定会議では、「建物の外観やデザインは美学的に優れている必要があり、クライアントにアピールするデザインを選ぶべきだ」という意見と、「予算の制約や保守コストを考慮し、機能的で効率的なデザインを優先すべきだ。美しさよりも実用性が重要だ」という意見が対立。

　食品メーカーでの商品開発会議では、「ヘルシーで低カロリーの商品が市場に求められているので、その方向性で商品を開発すべきだ」という意見と、「味や食の楽しみを追求し、一時的なトレンドよりも長く愛される味を追求するべきだ」という意見が対立。

これらの意見は、どちらも至極真っ当な意見です。**判断基準がなければ、どちらを選ぶかは、単なる好みの問題になってしまいます。**

　このように暗礁に乗り上げてしまった会議の議事録が、我々の手元には山のように届きます。どれもこれも、判断基準が明確ではないから起こることです。

　どちらも正しい意見Aと意見B。
　「今回は市場シェアの拡大を最優先する」とか「持続可能性の視点重視で決定する」といった具体的な判断基準を定めることで、どんな判断を下すべきかが見えてきます。

　判断基準があることで、初めて会議が意味を持つようになるのです。

自分の案件に「助言」の名目で、幹部や他部署の先輩が的外れな口出しをしてくる

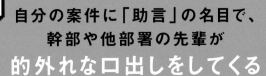

プロジェクトがある程度進んでいるタイミングで、決まって外野からありがた迷惑なアドバイスが飛んでくる。言う通りにしても上手くいかない未来しか見えないが、かといって社内政治上、当然無下にするわけにもいかない。

攻略法

▶「とりあえずやってみる」は避ける

周りからのアドバイスをすべて受け入れて言う通りに動いていたら、いくら時間があっても足りません。アドバイスしてくれるお気持ちだけいただいて、そのアドバイスを実行するべきではない理由を示す方向に舵を切りましょう。

▶ マトリクスを作り、プロジェクトの現況やアドバイスの内容を視覚的に認識させる

アドバイスをしてくる外野に対し、プロジェクトの状況や、アドバイス内容のデメリットを視覚的に捉えられるよう図や表にして伝えましょう。言葉ではなく視覚に訴えることで、より客観的な意見の交換ができるようになります。

解説

　プロジェクトが進めば進むほど、周辺部署の先輩や上司など、多方面からアドバイスを受けるようになります。

　ありがたい反面、厄介なのは、そのアドバイスを無視できないこと。基本、アドバイスをくれるのは上役であることが多いので、その言葉を無下にはできません。

　とはいえ、すべてのアドバイスを受け入れていたのでは、やることがどんどん増えて、身動きが取れなくなってしまいます。

自分のすべきことが佳境に入ってきたタイミングだと、外からのアドバイスはただのノイズでしかありません。

立てていたスケジュールに、先輩からのアドバイスという横槍が入り、予定になかった作業が割り込んでくる。

とはいえ、社内での関係やしがらみもあるので、いただいたアドバイスには「ありがとうございます」という姿勢でいなければならない。社内政治的な観点からも、不義理を働くことで評判を落とすようなことはしたくはありません。

では、どのように振る舞えばよいのでしょうか。

まず、「とりあえずやってみます」とは、絶対に答えてはいけません。

外からアドバイスしてくる人は、あなたと同じ景色が見えていません。前提もわからなければ、現状もわからない。ただ「なんとなく」でアドバイスしている可能性があるのです。

もちろん、経験からくる的確なアドバイスも時にはあるでしょう。しかし、**盲目的に「やってみます」と答えるのは危険です。**

ここで有効になるのが、「難易度×コスト」「成果が出るまでの時間×成果の大小」といったような、ある一定の軸のマトリクスで考えること。この軸の文言は、「コスト」でも「工数」でも「心理的ハードル」でも何でも構いません。

たとえば、新規の営業先が足りなくて困っているとします。すると、隣の課の課長が「紹介をもらうためには、お客様とゴルフに行ったり、飲みに行ったり、いかに時間をともにするかが重要だよ」とアドバイスしてくれました。

しかし、あなたは今、SNSを使ったマーケティングに取り組んでい

て、ゴルフや飲み会に参加している時間はありません。

　ここで効いてくるのは、「成果が出るまでの時間」という評価軸です。アドバイスをもらったら、「そうですよね。それって、アクションしてからどのぐらいのスパンで変化出ますかね？　このマトリクスだとどのぐらいの位置になります?」と聞いてみてください。「そりゃ、すぐにってわけにはいかないよ」と返ってくるでしょう。

施策のマッピングのためのマトリクス図の例

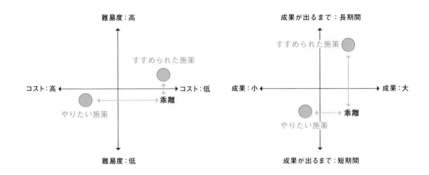

　そこで、「積み重ねですよね。ありがとうございます。実は今、こういう施策を考えていまして……」と切り返すのです。その時、成果が出るまでのタイムラグや難易度、コストを軸に、マトリクスへプロットして見せてみてください。アクションの有効性を視覚的に捉えることができ、説得力が増します。

　視覚的に情報を整理することで、「今、実はそんなに予算ないんですよ」「うちの部署でこんなアクションに取り組んでいて、そこに時間とお金を使っているんです」と、自分たちの状況も伝えることができます。
　そして、**もらったアドバイスに対しても、全体から見た位置付けを俯瞰でき、その有効性（あるいは無効性）が明確になります。**

「今取り組んでいるこの施策が終わったタイミングで、もう一度相談させていただいてもいいですか?」という形で尋ねれば、その上司の顔も立てることができます。

　上司や先輩からのアドバイスだからといって、すぐに手をつけなければならないわけではありません。そんなことをしていたら、すぐにパンクしてしまいます。

　だからといって、「あれ、どうなった?」と尋ねられた時に、「まだ手をつけていません」ばかりではいけません。アドバイスをただ無視していると、上司はその後、さじを投げるでしょうし、あなたに有益な情報をくれることもなくなるでしょう。

　現状の取り組みをマッピングし、目に見える形で状況を伝えることで、一方的なアドバイスではなく、さまざまな条件を考慮したアドバイスをもらえるようになります。

上司からの**頼まれ仕事**に
長時間かけ成果物を出したのに
「やっぱいいや」と手のひら返し

- - - - - - - - - - - - - - -

上司から頼まれた情報収集や資料作成。いざ「こんな感じでどうでしょう」と出してみたら、「ごめん。これ、やっぱいいや」と却下されて、骨折り損が頻発する。これでは経験値も評価も得られぬまま、時間と労力だけをドブに捨てているようなものでは。

攻略法

▶ 本格的な資料作成前に、 手書きでさっとアウトラインを作る

パワーポイントやワードなど、PCソフトを使った作業は、内容を考えることよりもソフトの機能に振り回されたり、デザインを調整することに多くの時間をとられてしまいます。まずはさっと手書きでアウトラインを作り、上司の合意を取ってから本格作業に移りましょう。

▶ 指示を受けたら5分以内にアウトラインを作り、 フィードバックを得る

相手の記憶が鮮明なうちに、手書きで作ったアウトラインに対する合意を得てしまいましょう。上司の単なる思いつきによる発言だった場合、この時点で本当にアウトプットを出すべき事項か否かが判明するので、傷は浅くなります。

解説

　　上司から「これ、作っといて」という曖昧な指示を受けた調査資料を、よくわからないまま何とか作り上げて提出したら、「ごめん、やっぱりいいや」と言われてしまった。

　　そんな、上司の思いつきで頼まれた仕事に全力で取り組んだのに、時間と労力を大きくロスしてしまった経験は、誰しもあるのではないでしょうか。

仮に、週に50時間働いている人がその資料作りに5時間をかけたとすると、週の10％相当のリソースを無駄に失ったことになります。もしこのような曖昧な指令が、週に2回も3回も降りかかってこようものなら、それこそ20〜30％もの時間と労力を割かなければならなくなります。しかも、それが徒労に終わってしまうのです。

　こうした、上司による曖昧で不明瞭な依頼というのは、業種を問わず、実に多くの企業で頻発しています。

　こうした曖昧な指示を出す人には2つのタイプがあります。

　1つ目は、明確なアウトプットのイメージを持っているけれど、伝え方が雑、言語化が苦手というタイプ。

　2つ目は、明確なイメージのないまま、とりあえず何かアウトプットされたものを見ながら、自分の考えやイメージをはっきりさせたいと考えているタイプ。

　1つ目のタイプは、やりたいことが定まっているため、「答え」に行き着くまで質問や相談をして詳細を詰めていく必要はありますが、こちらがアウトプットを出しても徒労に終わることはありません。

　問題は、2つ目のタイプです。

　このタイプの依頼を受けた場合、**いきなりパワーポイントやエクセルなどのソフトを使った本格作業に取りかかってはいけません**。最初からPCを使うことはせずに、まずは紙とペンを使って考えます。

　たとえば、パワーポイントなどのソフトを使って資料を作成する時は、まずフォントを選択したり、テキストボックスの位置を調整したり、グラフィックの色やパターンを変えてみたりと、内容を考えることよりもソフトの操作に手間どったり、デザインを調整することに多くの時間をとられてしまいます。

　以前、資料作成の際に、ソフトの操作自体にかかる時間と、ソフト

を触りながら内容について思考している時間とを計測したことがあります。この時、思考に使えた時間は全体の約3割。残りの7割の時間は、ソフトの操作に奪われていることがわかったのです。

　もしかしたら徒労に終わるかもしれない作業なのに、本質でない「ソフトの操作」にそれだけの時間を奪われてしまうとしたら、本当に無駄な動きになってしまいます。このため、上司から曖昧な依頼を受けた時には、まず手書きのメモで、その依頼に対してのアウトプットのイメージのアウトラインを作りましょう。
　初動においては、手書きによって、まずその依頼内容について「考える時間」を最大化することが大切です。

　また、指示が曖昧だった場合、指示を出した人の脳内イメージは、時間が経つにつれてますます曖昧になっていきます。人の記憶力の頼りなさは、これまでのページで幾度となく指摘してきた通りです。
　このため、手書きでさっとアウトプットのイメージのアウトラインを作り、指示を出した本人になるべく早めに確認することが大切です。理想としては、指示を受けてから5分以内に、「部長のおっしゃる提案書って、こんなイメージで合っていますか?」といった具合にすり合わせをしましょう。

すると、そのアウトラインをヒントとして、相手のイメージがだんだん鮮明になっていきます。

　「あーやっぱり違うかも。これは無理かもな、ごめん。この話はナシで」となるかもしれないし、「そう。概ねその感じだけど、ここが少し違って…」となるかもしれません。

　前者であれば、無駄な作業に時間を投下することを予防でき、後者であれば曖昧だった作業の方向性が明確になり、軌道修正されます。

　要はこのすり合わせによって、**「何がわからないかがわからない」という状態だったところから、「わからないところがわかる」ようになる**のです。

　初動のアウトプットを1秒でも早く出すことで、のちの痛手を最小化することができるのです。

　曖昧な指示を受けることがあったら、
① 手書きでさっとアウトラインを作る
② 5分以内に①がイメージ通りか上司に確認する
　の2つのステップで、時間と労力のロスを防ぎましょう。

上司にしか決裁権のない
プロジェクトが山積み。
確認待ちばかりで、全然先に進まない

- - - - - - - - - - - - - - - -

上司や役員の確認がないと先へ進められない仕事なのに、確認を求めても応答がなく、時間を設けてももらえない。元を辿れば、この確認待ちの上司から降ってきたプロジェクトなのに。王様待ちでクエストが進まないのでは、ゲームクリアにはほど遠い。

⊩ 確認依頼の際、
上司の脳内スケジュールに予定を組み込む

「5分だけ確認のお時間をとっていただきたいのですが、いつどこでならタイミングがありますか?」と、確認できる時間と場所を具体的に連想させる頼み方をすることで、上司の脳内にスケジュールを組み込みましょう。

⊩「短時間で簡単に終えられる依頼」
という印象を与える

メールにしろ電話にしろ、論点と判断基準を明確にして確認依頼をすることで、相手は返答しやすくなります。また、この時事実と推測を分けて依頼をしましょう。これにより「この人のからの依頼対応はすぐに終わる」と思ってもらえれば、後回しにされることもなくなります。

解説

　上司から依頼された業務なのに、確認を頼んでもレスポンスがなく、先のステップに進めることができない。催促しても、「もうちょっと待って」と言われるばかり。上司の確認待ちで、いつまで経っても自分の手からボールが離れていかない案件が多い。

　このような場合、3つの理由が考えられます。

1つ目は、上司への確認依頼の方法に問題がある場合。

よくある頼み方は、「こちらの資料、ご確認をお願いします」というもの。これは、別に問題のある頼み方ではありませんが、忙しい人や、喫緊の仕事以外は後回しにするような人にはこの頼み方では効きません。

その場合は、期日を入れて、「〇月〇日までにご確認をお願いします」と伝えましょう。締め切りが設けられることで、相手の責任感を刺激します。

しかし、期日を入れても確認してくれず、締め切りを守れない人もいます。その場合、相手に確認のための時間をいつとるのかを想起させる必要があります。

たとえば、「今週、どのタイミングなら5分ほどPCを見るお時間がとれそうですか?」「何曜日の何時くらいなら、5分程度お時間いただけそうですか?」と聞いてみます。

すると、相手は「木曜日はこれがあるから難しくて、金曜日はこういう動きで……」とスケジュールを思い出し、頭の中で時間と場所と作業内容を具体的にイメージします。そして、「金曜日のタクシー移動中なら、時間がとれるかも」と、資料を確認する予定が脳内スケジュールに書き込まれます。

タスクと実際の予定とが具体的に紐付く瞬間です。

忙しい相手の場合、「今週中にお願いします」だけでは、時間が経つにつれてその用事の序列がだんだん下がっていってしまいますが、一度頭の中で「場所・時間・やること」を同時に思い描いてもらうことで、具体的に予定を埋め込むことができるというわけです。

2つ目は、「面倒くさいから」と後回しにされること。

暇があるか忙しいかにかかわらず、人は頭を使って複雑な問題を考えなければいけない場合、たった5分でも面倒だと感じてしまうものです。

上長へ確認・検討依頼をする際のポイント

1. 確認のタイミングの提示

2. 判断の基準と論点の提示

3. 事実と推測の切り分け

　打ち始めればすぐなのに、たった二言三言のメール返信が億劫に感じた経験はありませんか?

　まさにそういったことを相手に強いている状態です。

　要は、確認依頼と一口に言っても、判断基準が曖昧なものは、後回しにされやすくなります。「確認してください」ではなく、論点と判断基準を明確にした上で何を確認すべきか伝えることが大切です。

　たとえば、新規サービスを社内で導入検討していて、2つのプランの中からどちらか1つを選んでほしい時。

「Aプラン、Bプラン、どちらがいいか、ご意見もらえますか」ではなく、「料金が安いのはAプランです。Bプランは金額が10％上がりますが、納期が1週間早くなります。コストと導入スピード、どちらを優先するか、ご判断をお願いします」と言われたら、検討するのがずっと楽になります。

　このように、判断基準や検討ポイントを明確にして、相手の「面倒くさい」を取り除いてあげることで、素早いレスポンスをもらえるようになります。

　3つ目は、事実と推測が混在しているため、確認するのに余計な労力がかかるパターンです。

たとえば、あるメーカーのレポートで、「顧客の需要が変化して競合商品に流れているようで、特定の商品の売上げが減少しています」と書かれていたとします。この時、顧客の需要の変化は、レポートを書いた人の推測でしかありません。しかし、特定の商品の売上げが減少していることと並列して書かれているため、まるで需要調査の結果であるかのような錯覚をしてしまいます。

　このように、事実と推測が混在した文章で確認依頼を投げている場合、上司はどこからどこまでが事実で、どこからどこまでが推測なのか、まず謎解きするところから始めなくてはいけません。

　事実と推測を明確に書き分け、ざっと目を通しただけで正しく意味を理解できる報告書にすることで、早く確認してもらえる可能性はずっと高まります。2つ目も3つ目も、要するに相手の面倒くささや労力をできるだけカットするという配慮なのです。

　提出した書類をなかなか確認してもらえない時、相手を責めたくなってしまうかもしれません。しかし、工夫次第で確認してもらいやすくすることができるのです。

　自然と確認が早まるような伝え方、書類の書き方を身につけ、確認待ちという無駄な時間が発生することを防ぎましょう。

上司に**自分の言葉**で 報告や相談をしても、 **理解してもらえず**に強制終了されてしまう

- - - - - - - - - - - - - - - -

せっかく上司に時間を作ってもらったのに、言葉をいくら尽くしても「何を言っているのかわからない」と理解されず、ミーティングを強制終了されてしまう。仕方なく、先輩や同僚が翻訳してくれることもしばしば。どうしたら自分の言葉で伝えられるだろうか。

攻略法 —————————————————

▶ **本題から簡潔に話す。複文ではなく単文で伝える**

回りくどい言い方はせず、本題から話しましょう。また、一文の中で二つ以上のことを語る「複文」や「重文」は、文章構造が複雑で、理解に手間取ります。簡潔に、なるべく一文で一つのことを語る「単文」で話すように心がけましょう。

▶ **人によって解釈がばらつく抽象名詞を避ける**

「再構築」「最適化」「軌道修正」「展開」といった抽象名詞は、具体的に何を意味しているのかわかりにくく、聞き手によって解釈に幅が生じてしまいます。このような単語を避け、誰が聞いても同じ意味に理解できるような表現で伝えましょう。

解 説 —————————————————

　一生懸命話しているのに、意味を相手に理解してもらえないことがあります。

　先日お会いしたある派遣会社の社長さんが、こんなことをおっしゃっていました。

　「課長からの報告が、何を言っているのかわからないんだ。部下の○○さんがどうの、クライアント先でどうだったとか話していて、一つひとつの言葉の意味はわかるけど、言いたいことがわからないんだよ」。

課長からすると、言葉を尽くして報告しているのに理解してもらえないなんて、それこそ意味がわからないでしょう。

　なぜ、このようなコミュニケーションの齟齬が生じるのでしょうか。**人が誰かに何かを伝える時には、「言葉」の存在は、大きく4つのステップを経て変化**していくことになります。

　1つ目のステップは、話し手が「このことを伝えたい」と心の中に思い描いた言葉。話し手が報告しようと思った内容です。

　2つ目のステップは、実際に発せられた言葉。報告しようと思ったことが、そのまま正確な言葉になればいいですが、誤解しやすい言葉を選んでしまったり言い間違いをしてしまったりすることもあります。

　3つ目のステップは、相手の耳に実際に届いた音声としての言葉です。騒音の大きい場所や、大きな声で会話している人が近くにいると、途切れ途切れにしか聞こえないことがあります。また、同じ言葉でもぶっきらぼうに聞こえる声色、イライラしているかのように聞こえる声色というものもあります。

　4つ目のステップは、3つ目のステップで受け取った言葉を受けて、相手の頭の中にマッピングされた言葉。いわゆる「解釈」と呼ばれるものです。

コミュニケーションを取る際に「言葉」が辿るステップ

言葉というものはこれだけのステップを経て相手に届くわけですか

ら、どれだけ自分の中で整理された言葉であっても、相手にとって同じように届くとは限りません。

　でも、たとえば
「手荷物を椅子に置いてください」
　とだけ伝えたとしたら、さすがに解釈に幅が出ることはないでしょう。

　一方で、
「この間話していたA案件について考えてみたんですけども、以前、確かBのような要素があったほうがいいんじゃないかとおっしゃっていたと思います。そのことについて考えてみたところ、Cの方向にしてみてはどうかと思っているところではあるんです。とはいえ、まだ検討すべき事項が残っていて、その点についてご意見を伺えればと思うんです。ただ、もし御社のほうで他に候補があるなら、先にお聞きしたいのですが、いかがでしょうか?」

　このように、1回のコミュニケーションの中で複数のことを言っていたり、本題や結論に辿り着くまでの前置きが長い伝え方は、時間のない相手にとっては悪手です。

　この例文を分解すると、次の6つの文から構成されています。
　・A案件について考えてみた
　・要素としてはBがあったほうがいいと言っていた
　・Cの方向にしてみてはどうかと思っている
　・まだ検討すべき事項が残っている
　・ご意見を聞きたい
　・他に候補があるなら、先に聞きたい
　この6文のうち、本題は、「他に候補があるなら、先に聞きたい」でしょう。相手が時間のない聞き手ならばなおのこと、まずこの本題を伝えた後で、そこに至った経緯や事情などの周辺情報を話せばいいのです。

また、このような2つ以上の文が1つになった「重文」や「複文」構造は、聞き手側に読解力や集中力を要求する話し方になります。

　「この間話していたA案件について考えてみたんですけども、以前、確かBのような要素があったほうがいいんじゃないかとおっしゃっていたと思います」。
　この1文の中では、「（あなたが）この間A案件について話していた」「（私が）考えてみた」「Bのような要素があったほうがいい」「以前（あなたが）そうおっしゃっていた」という4つのことを語っています。

　本人に悪気はなくとも、相手に労力を要求する話し方になっているわけです。このような**重文、複文構造ではなく、なるべく主語1つと述語1つで構成される、「単文」で話すようにしましょう。**

　さらには、**人によって解釈の分かれやすい一般名詞や抽象的な表現を使わない**ことも、コミュニケーションのミスを防ぐ上では重要です。
　たとえば、「○○について再構築したいので、ご判断願います」と言われた時、再構築が何を指すのか、人によって解釈が分かれるところです。「再構築」と聞いたとき、人によっては最初から作り直すことをイメージするかもしれません。あるいは、概要はそのままで細かな部分を差し替えることをイメージする人もいるでしょう。

　このように、抽象的な単語を使うと、4つ目のステップの際に、エラーが起きやすくなってしまいます。

　本題から簡潔に話し、単文で明確に伝えましょう。意味の特定が困難な単語を避け、誤解を防ぐことが大切です。「伝え方」を見直すことで、相手にも理解をしてもらいやすくなります。

中長期的成長につながることを
したくても上司や会社から
短期の業績を詰められる

先を見据えた取り組みに力を入れたいが、上司や会社、ステークホルダーから求められるのは目先の業績。根本的な対策を講じれば、長い目で見て短期業績だって上がるはずなのに、「今すぐ」成績を上げなければならないプレッシャーが強い。

攻略法

▶ あらゆるプロセス、オペレーションを可視化する

プロセスを可視化することで、現場を知らない上司やステークホルダーに、チームの現状や取り組みの内容を理解してもらうことができます。小手先の施策ではない根本的な解決策を打つための時間的猶予をもらうには、現状を可視化し、正確に認知してもらう必要があるわけです。

解説

　仕事を「重要度」と「緊急度」の2軸で分けたマトリクスのうち、第Ⅱ領域と呼ばれる、「緊急度が低いけれど重要度の高い仕事」、すなわち1年先、2年先を見据えた取り組みに注力すべきということはわかっている。しかし、なかなか時間はとれないものです。

　先を見越した対策を練っていても、月次目標の未達成が何度か続くと、「目の前の業績もクリアできないのに、悠長なことをしている場合じゃない」と言われてしまいます。

　中間管理職が大変なのは、目の前の数字を確実に作りながらも、中長期的な目標に向けた取り組みにも手をつけなければならないこと。

　1年先、2年先に芽の出る施策を打とうとしても、そもそもそれは、今月の目標を達成できることが前提です。目先の業績ではなく長い目

で見て応援してくれる、そんな心の広い上長やステークホルダー（投資家や株主などの利害関係者）は、そうそういません。

　そこで有効なのが、現場のプロセス、オペレーションを可視化することです。今の働きがいつどのような成果に結びつくかということを、記録し、認識してもらう必要があるのです。

　なぜかというと、多くの職場では、今やっている取り組みが当月の数字にそっくりそのまま反映されることは少ないためです。

　もう少し丁寧に言うと、現場での取り組みがすぐ業績に反映される業種・職種と、そうでないものとがあります。たとえばテレアポや訪問販売などは、その日の頑張り次第で受注件数が上下しますし、新しい施策を採用すれば、その効果は受注件数の増減に基づいて即日測定できるはずです。

　しかし飲食店をはじめとするサービス業などでは、今月オペレーションを改善して生産性を上げたとしても、その効果が業績に反映されるのは、せいぜい2〜3ヵ月後です。

　これは来店頻度に基づくもので、よほどの行きつけでもない限り、同じ飲食店への来店頻度は、せいぜい年間3〜4回がいいところでしょう。来店から次回来店まで3ヵ月ほどのスパンが開きます。**そうなると、接客がよくなかった、味が落ちた、店内が汚かったなどの理由からお客様が離れていくのは、当月ではなく3ヵ月先のこと。**

現場のオペレーションの成果が客足に影響するスピード：飲食店でのケース

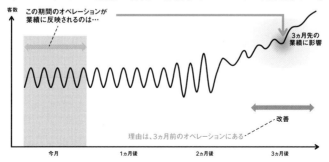

そこを理解せず、目先の売上げだけに囚われてしまうと、クーポンを配布するとか飲食店情報サイトに広告を出稿するといった、短期的な販促ばかりに目が向いてしまいます。しかし、これでは根本解決、本質的な改善にはなりません。

　中間管理職の本来的な業務は、先を見据えた現場運営のはず。どうにかして、そのための時間を確保しなければなりません。ここで有効になるのが、「プロセスの可視化」というわけです。

　成果が出るまでにどの程度時間がかかるのか、そしてその間現場はどのような取り組みをしているのか、ということをまずチーム全員で可視化・把握し、動画やグラフ、あるいは文章で第三者にも共有する必要があるわけです。

　ある飲食店で現場のオペレーション改善のための分析をしていた時のことを例に話をします。このお店は、土日は特に、入店するまで何組も待ち客が発生するほどの繁盛店です。

　下のグラフを見てください。このグラフは、この店でお客様が席に案内されるまでの待ち時間を縦軸、そして案内された時の空席数を横軸にとったものです。

　我々が改善する前の、左のグラフの中には、32分間も待って案内

案内時の空席テーブル数と待ち時間

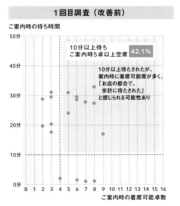

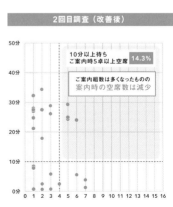

された際に、実は店内には空席が8卓もあった、というケースがあります。満席だったら「仕方ない」で済むところですが、空席があることで、「店の都合で余計に待たされた」と感じさせてしまいます。このような経験をしたお客様は、次に外食をする際、「あそこは店の都合で余計に待たされるから、別の店にしよう」と考えるかもしれません。

　こうした事態が重なれば、お客様にとって大きなストレスですから、2ヵ月後、3ヵ月後の客席数低下につながりかねません。

　このお店では、入店したお客様に発券機で整理番号を配り、その番号順に客席に通していました。もし番号を呼ばれた時に、該当するお客様がその場から離れていたら？　そう、この店では、店内に案内可能な客席があったとしても、不在のお客様が戻られた時に備え、空席として確保していた。このために32分間も待って案内された際に、実は店内には空席が8卓もある、という事態が起きていたのです。

　ここで取り組むべきは、客席が空いたらその場でお待ちのお客様から優先的にお通ししていくという策。そこで我々は「番号をお呼びしてもいらっしゃらない場合、次のお客様をご案内します」と書いたポップを発券機に掲示することで、待ち時間10分以上でご案内した際の空席を42.1％から14.3％にまで減少させることに成功しました。

　ただ、**こうした事実や改善策は、我々が現場にカメラを設置し、分析をしたから見えたものの、本来は現場にいる人間にしか見えません。**
　ですが、単月の業績推移しか見ていない本部のスタッフからすれば、「なんで今月はこんなに業績が落ちているんだ。ちゃんと店頭で呼び込みをしているのか。広告出稿はうまくいっているのか」と、また短期的な取り組みで何とかできないか、と足掻き始めてしまいます。
　本来の問題の根本解決、状況の改善に中長期的に取り組む猶予をもらうためにも、プロセスを可視化し、認識することが大事なのです。

▶ おわりに

「中間管理職無理ゲー完全攻略法」というタイトルをつけておきながら、ごめんなさい。実は私、「無理」という言葉が好きではありません。好きではないというより、正直、嫌いです。それも、かなり嫌いです。

唐突に個人的な好みの話をしてしまいましたが、これにはもちろん、理由があります。

本来「無理」とは、「理・道理」が「無い」ことを指します。つまり、実現の可能性が、そもそも無い状態です。

しかし、本当は「道理」が存在していて、やろうとすればできること、あるいは、実現可能性がある程度見込めることに対しても、「無理」と使われるケースがあまりにも多いと感じるのです。
これは別に、無理でないことを「無理だ」と主張する人に、甘えがあるとか、やる気がないとか、そういう話ではありません。

ただ、困難な状況を打開するための道を知らないだけなのです。

昨今の労働事情では、残業時間の規制が厳格化されています。
これまでの中間管理職者が月300時間で習得してきた技能を、月200時間で同じように身につけるようなことが求められています。

また、インターネットが普及し、情報が浸透する速度が高速化し、管理職者が扱う情報の種類・量ともに、一昔前とは比べ物にならないほど増えています。

以前とは大きくルールが変わっているのに、上層部から求められる管理職像は、旧来のものと変わりません。
このような状況を見ると、「道理がない」と捉えてしまうのも、確かに仕方ない話ではあります。

しかし、果たして本当にこれが「無理（道理がない）」な状況なのでしょうか。

　実は、管理職者の技能を高度に進化させることで、ルールに則った形で成果を出すことが可能なのです。

　無理を嘆くのではなく、道理に沿った方法を見出すこと。

　それが、中間管理職という「無理ゲー」を攻略する鍵となります。

きっかけは環境変化

　働き方改革、DX、人材不足、多様性への配慮、サステナビリティ……ビジネスマンが戦うゲームのルールは、近年激変しています。
　その大きな環境の変化による影響をもっとも受けるのが、中間管理職だと言えるでしょう。迅速に対応しなければならない現場と、旧来の価値観が根強く残る上長との板挟みで、身動きがとりにくいでしょう。

　我々トリノ・ガーデンが、今の中間管理職が抱える悩みを理解したのは、コロナ渦でのオンライン会議の浸透がきっかけでした。
　さまざまな企業において、中間管理職の皆さんが部下とどのようなコミュニケーションをとっているのかを録画し、把握することができたのです。

　我々はこうした会議の分析において、誰が、いつ、何を、何秒間、どのように話したのか、録画されたデータを一つひとつ人の目と耳で確認し、つぶさに記録しています。

　そこから見えてきたのは、同じ企業で働く仲間であっても、まったく違う形で部下と接する中間管理職者たちの姿でした。彼らは、中間管理

職としての具体的な振る舞いについて、誰からも、何も教えられていなかったのです。

　もちろん、管理職研修という名の講習は受講しています。しかしそこでは、分析手法やマネジメント理論といった、概念ばかりを教えられます。
　本当に必要なのは、現場で部下にどのように声をかけるか、部下のミスを減らすためのワークフローをいかに見直すかなど、具体的な行動に落とし込むことのできる知識なのです。

　また、多くの中間管理職へのヒアリングによって、わかったことがあります。それは、多くの中間管理職が、自分の理想のマネージャー像として、それまでに出会ってきた尊敬する上司や先輩をイメージしていることです。
　しかし、その上司や先輩は、かつてのルールで戦ってきた人たちなのです。彼ら彼女らをトレースしても、今のルールで同じような結果を出せるとは限りません。

　現代の日本で戦う中間管理職の皆さんは、従来重用されてきた「やる気、根性、気合い、闘志、意欲、積極性」のような曖昧な武器ではなく、「手法、アクションプラン、仕組み、仕掛け」といった、明確で再現性の高い武器を用意する必要があるのです。

憧れられる中間管理職が、日本を救う

「中間管理職」と聞くと、

「上司と部下の板挟みでつらい」
「現場もマネジメントもと、仕事が多岐にわたりすぎてつらい」
「残業代が出なくて手取りが下がるのに、責任ばかり重くてつらい」

と、損な役回りであるようなイメージがついてまわります。

　責任やストレスばかりがのしかかり、それに見合ったリターンが得られなければ、中間管理職者たちは、部下から憧れられる存在にはなり得ません。
　これでは、次の世代を担う層が育たなくなってしまいます。
　中間管理職者たちが無理ゲーにあえぐこの惨状は、日本のビジネスや経済を動かす重要な動力が失われつつある状態とも言えるのです。

　令和に生を受けた世代が社会に出る前に、「上司への尊敬や憧れ」を回復しておけるような、そんな未来であってほしい。

　我々は、「中間管理職」が憧れられる存在になれるかどうかが、日本の各産業の存続と発展を左右すると考えています。

　通信技術が発達し、多くの情報をスピーディに獲得・処理することができるようになりました。ここでさらに管理職の技能を高度化することで、管理職者一人あたりがマネジメントできる範囲、スパンオブコントロールが広がる可能性も出てきたのです。

　これはつまり、管理職の報酬が増える可能性をも示唆しています。
　本書でお伝えしてきた「無理ゲーの攻略法」は、管理職者の技能の高度化に大きく貢献します。

　この攻略法を使い倒して、どんどん業績を伸ばしてください。

　時間を効率的に使ってください。

　先を見据えた戦略・戦術を練り、行動に移してください。

そして、部下から憧れられる上司となってください。

　そのような中間管理職が増えれば、日本のビジネスは発展し、経済も回復していくでしょう。

　本書がその一助となることを心から願っています。

トリノ・ガーデン株式会社

代表取締役　中谷一郎

中間管理職無理ゲー完全攻略法

2024年3月15日　初　　　版
2024年7月16日　初版第3刷

著　者　　中谷一郎

発行者　　菅沼博道
発行所　　株式会社 CCCメディアハウス
　　　　　〒141-8205　東京都品川区上大崎3丁目1番1号
　　　　　電話 販売 049-293-9553　編集 03-5436-5735
　　　　　http://books.cccmh.co.jp

執筆・編集協力　稲田和瑛
装幀　　　　西垂水敦・内田裕乃(krran)
装画・挿画　山内庸資
校正　　　　株式会社文字工房燦光
印刷・製本　株式会社新藤慶昌堂